Das Münsterland erfahren

Im Museum Mühlenhof
von Münster stehen einige
prachtvolle Windmühlen.

Linda O'Bryan | Hans Zaglitsch

Das MÜNSTERLAND erfahren

30 Radtouren durch malerische Landschaften, zu reizvollen Städten und zu kulturellen Highlights

BRUCKMANN

Die Alte Post in Drensteinfurt ist ein schönes Fachwerk-Beispiel.

Inhalt

Einführung 8

MÜNSTER UND DAS WARENDORFER LAND

1	Münster mit dem Rad Bahnhof – Promenade – Aasee – Schloss	●	12 km	**14**
2	Historische Vororte Münster – Angelmodde – Wolbeck – Albersloh	●	37 km	**18**
3	Auf Droste-Hülshoffs Spuren Münster – Haus Vögeding – Burg Hülshoff	●	36 km	**24**
4	Entlang von Werse und Ems Münster – Gelmer – Emsauen – Telgte	●	34 km	**28**
5	Harkotten Warendorf – Füchtorf – Feldmarksee – Sassenberg	●	36 km	**32**

6 Im Land der Pferde — 32 km — 36
Warendorf – Freckenhorst – Everswinkel – Müssingen

7 Herrensitze im Grünen — 37 km — 40
Drensteinfurt – Ascheberg – Davensberg – Rinkerode

8 Zum Schloss Westerwinkel — 38 km — 44
Drensteinfurt – Herbern – Capelle – Ascheberg

TECKLENBURGER UND STEINFURTER LAND

9 Dörenther Klippen — 33 km — 50
Tecklenburg – Brochterbeck – Dörenther Klippen – Dörenthe

10 Nach Osnabrück — 50 km — 54
Tecklenburg – Hasbergen – Hellern – Osnabrück – Gaste – Leeden

11 Teutoburger Wald — 47 km — 60
Tecklenburg – Leeden – Hagen – Bad Iburg – Lienen – Lengerich

Freizeitoase par excellence inmitten der Stadt Münster: der Aasee

12 Ein bisschen Frieden ● 36 km **64**
Tecklenburg – Ladbergen – Lengerich

13 Durchs Steinfurter Land ● 30 km **68**
Burgsteinfurt – Bagno-Park – Dumte – Horstmar

14 Auf alter Bahntrasse ● 52 km **72**
Steinfurt – Hauenhorst – Rheine – Neuenkirchen

15 Über den Schöppinger Berg ● 30 km **78**
Burgsteinfurt – Leer – Schöppingen – Metelen

IM HERZEN DES MÜNSTERLANDES

16 Die Sandstein-Route ● 40 km **84**
Billerbeck – Havixbeck – Naturschutzgebiet Baumberge – Nottuln

17 Coesfelder Berge ● 40 km **90**
Billerbeck – Osthellen – Gerleve – Schloss Varlar – Schloss Darfeld

18 Durch das malerische Stevertal ● 36 km **94**
Billerbeck – Stevertal – Appelhülsen – Nottuln

19 Coesfeld und Umgebung ● 36 km **98**
Coesfeld – Rosendahl

20 Zum westfälischen Versailles ● 34 km **102**
Lüdinghausen – Nordkirchen – Selm

21 Zum Venner Moor ● 45 km **106**
Lüdinghausen – Senden – Venner Moor – Ottmarsbocholt

22 Durch die Seppenrader Schweiz ● 33 km **112**
Lüdinghausen – Olfen – Seppenrade

23 Um die Stauseen ● 25 km **116**
Haltern am See – Halterner Stausee – Hullerner Stausee

24 Entlang der Silberseen nach Dülmen ● 24 km **120**
Haltern am See – Sythen – Dülmen

Liebevoll restauriert: Schloss Burgsteinfurt

WESTMÜNSTERLAND

25 Zum Wasserschloss Raesfeld ● 30 km **126**
Borken – Raesfeld

26 Zur Quelle der Aa ● 30 km **130**
Gemen – Ramsdorf – Velen

27 Entlang der Bocholter Aa ● 34 km **134**
Borken – Pröbstingsee – Krechting – Rhede

28 Romantische Ortskerne ● 35 km **138**
Legden – Heek – Nienborg – Asbeck

29 Zwei Flussradwege ● 35 km **144**
Gescher – Südlohn – Stadtlohn

30 Zum Zwillbrocker Venn ● 29 km **148**
Vreden – Niederlande – Zwillbrock – Ammeloe

Bruckmanns Tourenfinder **154**

Nachwort **156**

Register **157**

Impressum **160**

Einführung

Willkommen im Münsterland

Münsterland ist Radlerland. Rund 4500 Kilometer umfasst das gesamte Radnetzwerk des Münsterlandes, das zu den abwechslungsreichsten und schönsten Radregionen Deutschlands zählt. Ob kurze Stadttour, mehrstündige Tagestour oder Mehrtagestour – wir haben 30 interessante und abwechslungsreiche Rundtouren im Münsterland zusammengestellt, die Sie zu märchenhaften Wasserburgen, verträumten Schlössern und herrschaftlichen Landgütern bringen, Sie auf die knapp 160 Meter hohen Baumberge und in die Täler der kleinen Flüsse Stever, Bocholter Aa, Issel und Berkel führen. Mal geht es durch kleine Naturschutzgebiete, mal durch Wiesen, Agrarland und Waldstücke oder im Auf und Ab durch den Tecklenburger Wald und die Coesfelder Berge, quer durch die reizvolle Parklandschaft des Münsterlandes. Die Bezeichnung »Parklandschaft« ist hier ein wenig verwirrend. Denn es handelt sich nicht um eine künstlich angelegte Landschaft im Sinne eines Parks, sondern um eine kleinteilige, vorwiegend von Landwirtschaft geprägter Kulturlandschaft mit Feldern, Weiden, Blumenwiesen, Obstgärten, Waldstücken, Seen und Streusiedlungen.

Unsere Touren durch diese Landschaft sind zwischen 30 und 40 Kilometer lang und können auch einfach kombiniert werden, wodurch Sie auch mehrere Radtouren von einem Standort aus unternehmen können. Unterkünfte sind in fast jedem größeren Ort vorhanden und variieren zwischen einfachen Gasthöfen, Ferienzimmern, modernen Appartements und Hotelzimmern. Bei den Preisen gilt in der Regel: An Wochenenden und Feiertagen sind die Unterkünfte um einiges teurer als an Wochentagen.

Radtafeln sind überall vorhanden und erleichtern die Orientierung.

Planung und Infrastruktur

Jede unserer Touren wurde einer Kategorie zugeordnet, die Sie im Infoblock am Seitenrand finden und die mit »Naturparadies«, »Stadtspaziergang« oder »Sehenswürdigkeit« bezeichnet wird. So können Sie vorab schon kurz sehen, welches Thema auf dieser Route zu erwarten ist. Mit ein wenig Vorbereitung und diesem Buch mit vielen Tipps und Informationen wird es leicht sein, die richtige Radtour zu finden.

Einer der schönsten historischen Ortskerne im Münsterland: Warendorf

Ganz wichtig für die Planung sind natürlich der Zustand der Radwege, regional als Pättkes bezeichnet, die Beschilderung und was sich sonst noch beidseitig am Radweg anbietet. Die Radwege des Münsterlandes sind – generell betrachtet – gut ausgebaut und unterhalten, zu 95 Prozent asphaltiert und auf Bundes- und Landstraßen wegen der Sicherheit auch baulich vom Autoverkehr getrennt. Natürlich kommt es ab und an mal vor, dass sich leichte Schäden an der Asphaltdecke zeigen, was sich aber im Großen und Ganzen in Grenzen hält. In den meisten Fällen sind es Baumwurzeln, die die Asphaltdecke leicht anheben. Außer auf ausgewiesenen Radwegen wird auch häufig auf Neben- und Wirtschaftsstraßen geradelt, die ebenfalls gut unterhalten und bestens asphaltiert sind. Nicht geteerte Abschnitte gibt es verständlicherweise in den Naturschutzgebieten wegen der gesetzlichen Bestimmungen, entlang von Flussufern und in Wäldern, da auch Forstwege nicht asphaltiert werden dürfen.

Gaststätten und Cafés findet man häufig vor, lediglich die Öffnungszeiten passen sich nicht an die Zeiten der Radtour an. Denn Gasthöfe und Restaurants öffnen ihre Türen an Wochentagen erst gegen 17 Uhr, an Samstagen, Sonn- und Feiertagen sind die meisten aber bereits am frühen Nachmittag geöffnet. Cafés, Konditoreien und Bäckereien mit Sitzmöglichkeiten hingegen haben an Wochen- und Samstagen fast den ganzen Tag geöffnet. Sie sollten jedenfalls immer eine Kleinigkeit zum Essen dabei haben und natürlich auch etwas zum Trinken. Gemütliche Holzbänkchen mit Tischen unter schattigen Bäumen oder einfache Bänke in Holzhütten – wo man eine kurze Pause einlegen und sein Mitgebrachtes gemütlich verzehren kann – sind auf fast jeder Route vorhanden.

E-Bike oder Tourenrad?

Im Prinzip brauchen Sie kein Elektrorad für das Münsterland. Die Routen führen größtenteils durch flaches Gelände, lediglich einige Routen um Tecklenburg, Steinfurt und Billerbeck weisen kraftraubendere Steigungen auf. Ein Mountainbike ist aber auch dort keineswegs notwendig. Da die meisten unter Ihnen sicher keine Neueinsteiger sind, werden Sie einiges an Erfahrung mitbringen, Ihr vertrautes Rad wählen, Ihrer Kondition vertrauen und Ihr Tagespensum bestens kennen. Im Infoblock am Seitenrand jeder Tour finden Sie unter anderem die Gesamtlänge, die Höhenmeter

Die meisten Radwege im Münsterland sind asphaltiert.

Rechte Seite: Die Bahntrasse zwischen Coesfeld und Darfeld

und den Charakter einer Tour. Und bitte nicht wundern: Aufgrund der Vielzahl an unterschiedlichen Navigationsgeräten auf dem Markt – und gegebenenfalls dem einen oder anderen Schlenker auf der Tour – kann Ihr Navi natürlich geringfügige Abweichungen von unseren Angaben anzeigen. Die grobe Richtung aber stimmt!

Und: Steht einmal kein Rad zur Verfügung, gibt es in den meisten Orten Fahrradverleihe, bei denen Sie sicher ein passendes Leeze, so nennen die Münsteraner das Gefährt, finden werden.

24

Münster und das Warendorfer Land

Schattenreicher Radweg bei Hohenholte (o. li.). Guter Orientierungspunkt in Warendorf: der Turm der Marienkirche (o. re.). Wandtafel im Friedenssaal von Münster (u. re.). Der Werse-Radweg ist einer der beliebtesten Radwege (u. li.).

1 Münster mit dem Rad

Bahnhof – Promenade – Aasee – Schloss

leicht | 12 km | 22 Hm | 1.00 Std.

Highlight: Stadtspaziergang

Ausgangs- und Endpunkt
Bahnhof in Münster, Bahnhofstraße 20

GPS
51.957452, 7.634228

Anfahrt
Auto: Münster liegt direkt an der A1 und der B51, B54 und B219.
Bahn: Münsters Hauptbahnhof liegt an einer IC-/ICE-Strecke und ist durch viele Regionalbahnen mit dem Umland verbunden.

Tourencharakter
Rundtour auf asphaltierten Radwegen im Stadtgebiet

Kombinierbar mit
Route 2, 3 und 4

E-Bike-Ladestation
Stubengasse 22, im Radlager Münster

Radverleih
Drahtesel, Servatiplatz 7; 2-Rad Hansen, Gildenstraße 24; Münsterland-Rad, Homannstraße 64; Look, Dingbängerweg 249; Zweirad Weigang, Grevenstraße 434; Radlager Münster, Stubengasse 21; Radstation Hundt, Berliner Platz 27 (beim Bahnhof)

Radkarten
Fahrradstadtplan Münster, 1:20000, Amt für Stadtentwicklung; Radwanderkarte Kreis Coesfeld, 1:50000, BVA Verlag, Bike Media

Information
www.muenster.de

Münster ist Universitätsstadt und kennt dank der vielen Studierenden einen entspannten Lebensstil. Es gibt kaum einen besseren Weg, diese Stadt zu erkunden, als den im Sattel. Über die Promenade, am Aasee entlang, vorbei an historischen Sehenswürdigkeiten und Museen: Die fahrradfreundliche Stadt macht es dank hervorragender Radwege einfach.

Die Promenade Rund um die Innenstadt verläuft die autofreie Promenade, ein grüner Ring mit schattigen Wander- und Radwegen, die auf dem ehemaligen Stadtwall angelegt wurden. Vom Bahnhof steigen Sie leicht in dem Radweg auf der Promenade ein. Der erste Blickfang ist ein Stadtpalast, in dem heute das sehenswerte Museum für Lackkunst ansässig ist. Sie folgen der Promenade im Uhrzeigersinn bis zur Ampel. Dort überqueren Sie die Straße und radeln links zum Südufer des

Aasees. Die Altstadt lassen Sie vorübergehend hinter sich, zunächst steht eine Erkundung des Aasees auf dem Programm.

Von jeder Seite ein Hingucker: das Schloss Münster

Natur in der Stadt Münsters beliebtestes Naherholungsgebiet ist der Aasee unweit der historischen Innenstadt. Er ist ein über zwei Kilometer langer Stausee und wird von zahlreichen Grünflächen umgeben. Sie folgen gemütlich dem gut ausgebauten Radweg entlang des Südufers. Nach dem Segelclub mit einladendem Seerestaurant radeln Sie rechts über die Münstersche Aa zum anderen Ufer und erreichen kurz darauf das Mühlenhof-Museum. Dieses

Guten Appetit

An Restaurants mangelt es nicht in der Studentenstadt Münster. Für jeden Geschmack und jedes Budget ist etwas dabei. Diese Route führt unter anderem am Aasee entlang, wo man auf dem Rasen gemütlich picknicken kann, aber auch diverse Cafés, Restaurants und Bistros laden zu einer Pause ein. Unwiderstehlich ist das direkt am Wasser gelegene Seerestaurant Moro 112 mit guter italienischer Küche. Von der Terrasse blickt man auf das Treiben am Wasser. Dazu die entspannte Atmosphäre, da kann nur Urlaubsstimmung aufkommen.

Münsterland-Erfahrung

Das Kunstmuseum Pablo Picasso in Münster ist das einzige seiner Art in Deutschland und umfasst eine Sammlung von über 800 Grafiken des weltberühmten Malers. Das Museum wurde als Stiftung von verschiedenen regionalen Banken und von der Familie Huizinga, die ihre Picasso-Sammlung einbrachte, gegründet. Bis 2010 wurde die Sammlung unter dem Namen Grafikmuseum Pablo Picasso geführt, danach in Kunstmuseum unbenannt. Die Ausstellungsräume haben eine Fläche von rund 600 Quadratmetern und sind in historischen Backsteingebäuden, von denen der 1784 erbaute Druffel'sche Hof hervorragt, untergebracht. Außer den Picasso-Grafiken gibt es im Kunstmuseum auch regelmäßig wechselnde Ausstellungen mit Werken von Freunden und Zeitgenossen des Künstlers. Für diese Sonderausstellungen werden Leihgaben aus internationalen Museen und Sammlungen nach Münster geholt. Das Museum befindet sich am Picassoplatz 1 und ist täglich außer am Montag von 10 bis 18 Uhr geöffnet. Gegen Voranmeldung werden auch öffentliche Führungen angeboten. Das Fahrrad kann direkt am Eingang abgestellt werden. Weitere Informationen, unter anderem auch zu den aktuellen Sonderausstellungen, erhalten Sie auf der Homepage des Museums unter www.kunstmuseum-picasso-muenster.de.

liebenswerte Freilichtmuseum lohnt sich für einen Stopp. Sie müssen das Rad am Parkplatz abstellen, danach können Sie einen Rundgang entlang historischer Bauernhöfe, Speicher und Schuppen machen, die in ländlichen Gegenden des Münsterlandes abgetragen und hier wiederaufgebaut wurden. Ein Museumscafé sorgt fürs leibliche Wohl.

Nach dem Museumsstopp geht die Radtour am Nordufer des Aasees weiter, vorbei am modernen Segelclub. Am Ende halten Sie sich links und Sie gelangen mit einer Kurve zurück auf die erhöht liegende Promenade, der Sie bis zum Schloss folgen. Hier wird die Promenade von der weitläufigen Schlossanlage unterbrochen. Der Radweg geht aber rechts und dann links weiter hinter den Parkplatz.

Schloss Münster Der Radweg führt direkt am Schlossplatz entlang und bietet so einen schönen, freien Blick auf die Hauptfassade des Münsteraner Schlosses, das zu den markantesten Denkmälern der Stadt zählt. Gebaut wurde es im Barockstil im 18. Jahrhundert als Residenz für den Fürstbischof von Münster. Heute dient es der Wissenschaft, denn das Schloss ist Hauptgebäude der Westfälischen Wilhelms-Universität und deshalb nur von außen zu bewundern. Frei zugänglich ist allerdings der Schlossgarten, der hinter dem Schloss als Landschaftspark angelegt wurde. Eine grüne Oase inmitten der Stadt mit darüber hinaus noch einem netten Café. Sehenswert ist außerdem der über 200 Jahre alte Botanische Garten, der der Forschung und Lehre dient.

Die Innenstadt Nach dem Schloss radeln Sie auf der anderen Straßenseite rechts wieder auf der grünen Promenade weiter. Unterwegs passieren Sie ein mittelalterliches, rundes Bollwerk. Es ist der Rest der ehemaligen Stadtbefestigung. Eine Informationstafel erläutert die Geschichte des Turms. Der Promenade folgend, gelangen Sie mit einem Bogen wieder zum Museum für Lackkunst. Kurz danach biegen Sie beim Kreisverkehr rechts in die Ludgeristraße zur Innenstadt ein. Sie folgen der Straße bis zum kleinen, gemütlichen Adolph-Kolping-Platz. Hier können Sie ihr Rad abstellen und die Innenstadt weiter zu Fuß erkunden. Bei einer Stadtbesichtigung dürfen der Dom, der Prinzipalmarkt mit seinen Giebelhäusern und das gotische Rathaus mit dem Friedenssaal nicht fehlen. Und für Kunstliebhaber ist ein Besuch des Picasso-Museums ein Muss.

Am Prinzipalmarkt in Münster gibt es sogar einen Fahrradparkplatz.

2

Historische Vororte

Münster – Angelmodde – Wolbeck – Albersloh

leicht | 37 km | 74 Hm | 3.00 Std.

Highlight: Naturparadies

Ausgangs- und Endpunkt
Parkplatz bei der Pleistermühle, Pleistermühlenweg 196, Münster

GPS
51.963635, 7.701856

Anfahrt
Auto: B51 und dann auf den Pleistermühlenweg
Bahn: Münsters Hauptbahnhof liegt an einer IC-/ICE-Strecke und ist durch viele Regionalbahnen mit dem Umland verbunden.

Tourencharakter
Rundtour auf asphaltierten Nebenstraßen und ungeteerten Radwegen entlang des Ufers

Kombinierbar mit
Route 1, 3 und 4

E-Bike-Ladestation
Münster: Stubengasse 22 im Radlager; Albersloh: Gasthof Zur Post, Kirchplatz 3; Backstube Essmann, Kirchplatz 12; Hotel Geschermann, Bahnhofstraße 21

Radverleih
Münster: siehe Route 1

Radkarten
Radwanderkarte Kreis Warendorf, 1:50000, BVA Verlag, Bike Media

Information
www.muenster.de

Lust auf eine Radtour in der Umgebung von Münster? Auf dieser Radroute folgen Sie einem idyllischen Teil des reizvollen Werse-Radweges, wobei Sie die Schönheit und Abwechslung der Flusslandschaft erfahren werden. Geschichtsträchtige Vororte wie Angelmodde und Wolbeck werden auch angesteuert. Und mit einem Bogen kehren Sie danach an die Werse zurück.

Pleistermühle Rund um den Startpunkt Pleistermühle liegt eines der beliebtesten Naherholungsgebiete im Raum Münster. Die alte Mühle an der Werse ist noch erhalten und war ursprünglich Eigentum der Bischöfe von Münster. Erst Anfang des 19. Jahrhunderts kam die Mühle in Privatbesitz. Der Müller betrieb damals eine Gaststätte für Flößer, die ihr Holz auf der Werse zur Ems brachten, vor allem aber für Münsteraner, die gerne Ausflüge zur Werse unternahmen. Sie kamen zum

Der Drostenhof ist einer der letzten Burgmannshöfe in Wolbeck.

Unspektakulär, aber trotzdem schön: die Stromschnellen in der Werse

Schwimmen beim Badehaus am Ufer, zum Rudern, für eine Bootsfahrt mit einem Dampfschiff, für ein Picknick im Schatten oder nur für einen Kaffee in der Gaststätte. Daran hat sich bis heute wenig geändert. Den Besuch des Restaurants Pleistermühle mit seinem schattigen Biergarten heben Sie sich am besten für den Abschluss dieser Radroute auf.

Durch Stapelskotten Sie wenden sich beim Biergarten Pleistermühle nach rechts. Die Route führt am linken Werseufer auf einem schmalen, unbefestigten Waldweg durch Auen, aber das wird von der wunderschönen Natur entschädigt. Am Beginn verläuft die Route durch das Naturschutzgebiet Stapelskotten mit einem beeindruckenden Auenwald. Hier schafft der Fluss sein Bett noch selbst und zeigt eine ursprüngliche Landschaft am Rande der Großstadt. Nach Stapelskotten unterqueren Sie die Bundesstraße und radeln die nächsten Kilometer gemütlich am Fluss entlang. Hier hat die Landschaft eine landwirtschaftliche Nutzung erhalten. Angelmodde ist das erste Ziel.

Klein, aber fein Nach den ersten Häusern von Angelmodde halten Sie sich links und folgen den Radschildern zur Landstraße, an der es links zur Ortsmitte geht. Angelmodde präsentiert sich klein, aber fein mit einem hübschen Kirchplatz. Dieser wird geprägt von einer romanischen Dorfkirche, eine der ältesten Kirchen Münsters, und einigen Fachwerkhäusern. Bemerkenswert ist die Alte Schule und schräg gegenüber das Gallitzinhaus. Es erinnert an die Gräfin Amalia von Gallitzin. Die Fürstin kam ursprünglich aus Berlin, übersiedelte mit ihrem Mann, einem russischen Botschafter, nach Den Haag und wählte nach ihrer Scheidung Münster als neue Heimat. Ihr Landsitz befand sich aber in Angelmodde an der Werse. Nur alte Eichen sind davon übrig geblieben. Das Gallitzinhaus ist heute ein Kulturzentrum.

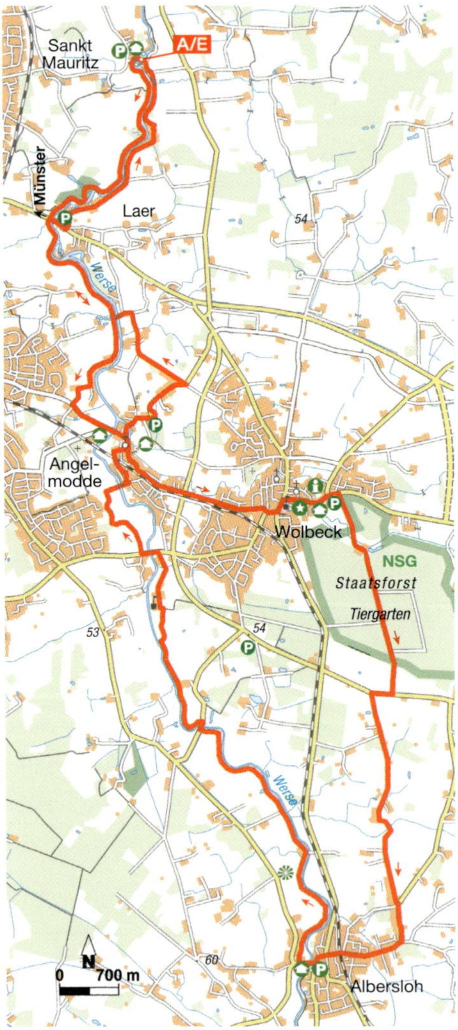

Rapsfelder überziehen im Frühjahr die Uferregionen an der Werse.

In Angelmodde verlassen Sie zunächst den Werse-Radweg. Stattdessen folgen Sie der 100-Schlösser-Route nach Wolbeck. Sie radeln vom Kirchplatz geradeaus auf der Hauptstraße weiter, überqueren die Gleise und halten sich links. Den Gleisen folgend, gelangen Sie nach Wolbeck.

Tiergarten Wolbeck In Wolbeck führt der Radweg links über die Gleise und dann rechts zur Ortsmitte. Bei der Ampel an der T-Kreuzung erblicken Sie links schon den imposanten Drostenhof.

Sie radeln am Drostenhof vorbei und biegen rechts in die Hofstraße ein. Sie verlassen dabei die 100-Schlösser-Route und radeln jetzt zum Wolbecker Tiergarten. Nachdem Sie die Feuerwehr (links) passiert haben, biegen Sie neben den großen Parkplatz rechts auf den Radweg durch den Tiergarten ein. Eine herrliche, breite Allee führt Sie nun quer durch das Naturschutzgebiet. Der Wolbecker Tiergarten war jahrhundertelang das Jagdgebiet der Bischöfe von Münster. Die Route kommt direkt am fürstbischöflichen Jagdhaus vorbei. Das gut erhaltene, hübsche Haus datiert aus dem 18. Jahrhundert. Es ist in Privatbesitz und nur von außen zu bewundern. Ebenfalls interessant ist der alte, dekorierte Gehaegestein gegenüber dem Jagdhaus. Mit solchen schönen barocken Grenzsteinen haben die Bischöfe damals ihr Jagdgebiet markiert. In Münster sind keine weiteren

Guten Appetit

Die Pleistermühle in Münster ist ein Begriff. Die Lage des rustikalen Landgasthofs am Werse-Ufer ist hervorragend. Dazu gilt die Mühle als eine der ältesten Gaststätten der Region. Heute besteht der Landgasthof aus Hotel, Café, Biergarten und Restaurant mit bodenständiger Küche. An Sonn- und Feiertagen ist hier richtig etwas los und es kann schon etwas dauern, bis die Bestellung am Tisch serviert wird. Ruhiger dagegen ist das Café Nobis mit nettem Ambiente. Es liegt etwas weiter nördlich am Werse-Ufer Richtung Handorf, ist aber nur am Wochenende geöffnet.

Grenzsteine aus dieser Epoche erhalten, das macht dieses Exemplar besonders wertvoll.

Sie folgen weiter der Allee, ignorieren die Radwegweiser und den rechts abbiegenden Weg. Er führt zur stark befahrenen Bundesstraße. Stattdessen radeln Sie immer geradeaus weiter, auch wenn der Weg etwas schmaler wird. Am Waldrand geht er über in einen Pättkes, der über einen Acker nach circa 250 Metern an der Landstraße endet, wo wieder ein befestigter Radweg nach rechts wartet. Sie biegen dann den ersten Weg (Tiergartenheide) links Richtung Albersloh ein.

Zurück zur Werse Die Route verläuft nun zurück zur Werse und über eine ruhige Nebenstraße nach Albersloh, vorbei an Bauernhöfen und Feldern, wo überwiegend Gerste, Mais und Weizen angebaut werden. Am Ende der Straße biegen Sie scharf rechts in den schattigen Geschermannsweg ein. In der Ortsmitte von Albersloh radeln Sie rechts an der Kirche entlang und geradeaus vorbei an einer Backstube. Hinter der Bäckerei überqueren Sie die Werse auf einer schmalen Rad- und Fußgängerbrücke. Sie folgen jetzt rechts wieder dem Werse-Radweg zurück Richtung Münster.

Der Werse-Radweg Der letzte Abschnitt der Route hat noch einiges mehr zu bieten als nur eine genussvolle Radstrecke.

Münsterland-Erfahrung

Mitten im kleinen Wolbeck erhebt sich der Drostenhof, ein sogenannter Burgmannshof. Er ist der letzte seiner Art in Wolbeck von einer Reihe Höfe, die ab dem Mittelalter um eine Burg angelegt wurden. Die Befestigung war die bevorzugte Residenz der Bischöfe von Münster. Der Drostenhof ist ein gutes Beispiel der Renaissance-Baukunst in Westfalen und wurde um 1545 von Dirk von Merveldt erbaut, einem Grafengeschlecht, das bis heute noch im Besitz des Hofes ist. Im 19. Jahrhundert dienten einige Räume im Erdgeschoss als Dienstzimmer der örtlichen Verwaltung. Nach dem Zweiten Weltkrieg wurden im Drostenhof Kriegsflüchtlinge und Vertriebene untergebracht. Ab 1975 befand sich in den altehrwürdigen Mauern das Westpreußische Landesmuseum. Da es zwischen den Eigentümern des Hofes und dem Landesmuseum hinsichtlich Modernisierung, Aus- und Umbauten allerdings keine Einigung gab, musste das Museum geschlossen werden. Die Ausstellung wurde danach ins Franziskanerkloster nach Warendorf verlegt und dort 2014 wiedereröffnet. Der Hof ist wieder bewohnt und deshalb nur von außen zu besichtigen, am besten vom schön angelegten Park, der sich südlich und östlich um das Gebäude schmiegt und der auch noch zum Verweilen und zum Rasten einlädt.

Hier kann man kaum vorbeifahren: der Biergarten bei der Pleistermühle.

Linke Seite: Gut erhalten: die Pleistermühle am Ufer der Werse

Zuerst treffen Sie auf den historischen Waschplatz an der Werse, an dem die Frauen aus Albersloh bis in die 1930er-Jahre an Stegen ihre Wäsche wuschen. Kurz danach gelangen Sie zu den Werse-Fällen, den Verhältnissen entsprechend kleine, aber nette Stromschnellen. Nächster Stopp ist ein moderner Aussichtsturm, der Ihnen den Blick auf die Flusslandschaft aus einer anderen Perspektive ermöglicht.

Zurück in Angelmodde überqueren Sie die Werse wieder, der Sie nach einer scharfen Linkskurve weiter folgen. Sie unterqueren die Gleise und treffen geradeaus wieder auf die Dorfkirche. Hier halten Sie sich links und biegen dann rechts auf den Alten Postweg ein. Nach circa einem Kilometer biegen Sie rechts auf den Weg Am Hofkamp zur modernen Radbrücke ab. Nun folgen Sie dem Fluss rechts bis zur Bundesstraße, wo Sie zur Straße hochradeln und diese aber direkt wieder links Richtung Campingplatz und Freibad verlassen. Die Werse begleitet Sie nun auf den letzten Metern zurück zur Pleistermühle. Hier können Sie ein Kanu mieten, falls Sie noch Lust und Laune haben, um die Landschaft vom Wasser aus zu betrachten.

3 Auf Droste-Hülshoffs Spuren

Münster – Haus Vögeding – Burg Hülshoff

leicht | 36 km | 113 Hm | 3.00 Std.

Highlight: Sehenswürdigkeit

Ausgangs- und Endpunkt
Schlossparkplatz in Münster, Schlossplatz 1

GPS
51.962634, 7.617460

Anfahrt
Auto: Münster liegt an der A1, der B51, B54 und B219. Bahn: Münster liegt an einer IC-/ICE-Strecke und ist durch viele Regionalbahnen mit dem Umland verbunden.

Tourencharakter
Rundtour auf asphaltierten Radwegen und Nebenstraßen; kleinere Abschnitte ungeteert

Kombinierbar mit
Route 1, 2 und 4 ab Münster und 16, 17 und 18 ab Billerbeck

E-Bike-Ladestation
Stubengasse 22, im Radlager Münster

Radverleih
Drahtesel, Servatiplatz 7; 2-Rad Hansen, Gildenstraße 24; Münsterland-Rad, Homannstraße 64; Look, Dingbängerweg 249; Zweirad Weigang, Grevenstraße 434; Radlager Münster, Stubengasse 21; Radstation Hundt, Berliner Platz 27 (beim Bahnhof)

Radkarten
Radwanderkarte Kreis Coesfeld 1:50 000, BVA Verlag, Bike Media

Information
www.muenster.de; www.burg-huelshoff.de

Dieser Radausflug führt gen Westen von Münster und folgt den Spuren der Schriftstellerin Annette von Droste-Hülshoff. Sie radeln durch eine schöne münsterländische Parklandschaft und passieren zwei Herrenhäuser und eine Burg, die alle eine Rolle im Leben der Dichterin gespielt haben. Sie lohnen allemal zu einem Stopp und können zudem auch besichtigt werden.

Der Witwensitz Die Radtour startet in Münster beim Schloss. Haus Rüschhaus ist das erste Ziel. Sie folgen an der Nordseite des Schlosses links der Wilhelmstraße und halten sich bei der Gabelung rechts. Sie überqueren an der Ampel den Orleans-Ring, folgen diesem kurz rechts auf dem Radweg und verlassen ihn bei der ersten Straße nach links. Beim Kreisverkehr radeln Sie geradeaus weiter. Jetzt lassen Sie allmählich die Stadt hinter sich. Bei der Gabelung folgen Sie links dem Horstmarer Landweg bis zum Pferdehof, wo Sie rechts die Autobahn überqueren. Anschließend gelangen Sie links auf einem Kiesweg zum beschaulichen Rüschhaus und seinem Garten. Im barocken Herrenhaus lebte Annette von Droste-Hülshoff mit ihrer Mutter und Schwester, nachdem ihr Vater verstorben war. Es wird deswegen auch Witwensitz genannt. Viele bekannte Werke hat die Schriftstellerin hier verfasst. Ihr Zimmer und andere Räume des Wohnsitzes sind jederzeit im Rahmen einer Führung zu besichtigen.

Sie radeln nun links am Parkplatz vorbei zur Landstraße, der Sie links folgen und die Sie bei der ersten Straße wieder nach rechts verlassen. Nun geht es auf einer ruhigen Nebenstraße zum nächsten Ziel: Haus Vögeding.

Der Pachthof Haus Vögeding ist ein historisches westfälisches Bauernhaus, wirkt aber eher wie eine Wasserburg. Die Familie Droste-Hülshoff erwarb es im 19. Jahrhundert, um es zu verpachten. Annette war befreundet mit der Pächterstochter und kam hier gerne zu Besuch. Die Freundinnen haben sich wohl häufig im Turmzimmer aufgehalten, das noch erhalten und auf einer Infotafel abgebildet ist. Haus Vögeding kann jedoch nur von außen besichtigt werden.

In der ehemaligen Stiftskirche von Hohenholte erhielt Annette von Droste-Hülshoff Orgelunterricht.

Weiter geht es zur Landstraße, der Sie auf einem guten, separaten Radweg bis zur T-Kreuzung folgen. Hier können Sie links auf dem asphaltierten Radweg an der Straße entlang den längeren Weg zur Burg Hülshoff nehmen. Diese Tour folgt der kürzeren Route nach rechts und gleich links auf einem Forstweg. Dieser stößt nach circa einem Kilometer auf das Tor zum Schlossgarten. Links am Zaun entlang gelangen Sie zum Haupteingang der Burg.

Die Burg Hülshoff Nun folgt der Höhepunkt der Tour. Ihr

Münsterland-Erfahrung

Gedichte, Balladen, Lieder, musikalische Bühnenstücke: Annette von Droste-Hülshoffs Hinterlassenschaft beeindruckt und zeugt vom großen Talent der zarten und Zeit ihres Lebens mit gesundheitlichen Problemen kämpfenden Schriftstellerin und Komponistin. Annette von Droste-Hülshoff wurde am 12. Januar 1797 in der Burg Hülshoff geboren. Bereits in jungen Jahren fand sie ihre Leidenschaft fürs Schreiben. Ihr Talent wurde von den literarisch und musikalisch gebildeten Eltern früh erkannt und gefördert. Mit zwölf Jahren erhielt Annette Klavierunterricht, später kam Gesangsunterricht hinzu und mit 15 Jahren wurde Annette vom Münsteraner Dichter Anton Matthias Sprickmann unterrichtet und gefördert, der schließlich auch ihr Mentor wurde. 1838 veröffentlichte sie ihren ersten Gedichtband, der allerdings nicht den erhofften Erfolg brachte. Nichtsdestotrotz arbeitete sie weiterhin an literarischen Werken und wird heute zu einer der bedeutendsten deutschsprachigen Dichterinnen des 19. Jahrhunderts gezählt. Die letzten Lebensjahre verbrachte Annette von Droste-Hülshoff im Schloss Merseburg am Bodensee, wo sie am 24. Mai 1848 verstarb und zwei Tage später auf dem Ortsfriedhof begraben wurde. Ihr Erbe wird unter anderem im Familienstammsitz, in der Burg Hülshoff, bewahrt.

Rad müssen Sie am Eingang der Burg Hülshoff abstellen. Nehmen Sie sich Zeit für die Anlage, denn das beeindruckende Wasserschloss hat einiges zu bieten: den weitläufigen und frei zugänglichen Landschaftsgarten, ein nettes Café im Burghof und natürlich das Droste-Museum. Burg Hülshoff war der Familiensitz und besteht aus mehreren Gebäuden. Die Hauptburg im Renaissancestil ist noch aus dem 16. Jahrhundert und damit der älteste Teil der Anlage. Annette wurde hier geboren, hat in der Burg die Hälfte ihres Lebens verbracht und viele Spaziergänge im Burggarten unternommen. Die reich ausgestatteten Wohnräume der Adelsfamilie sind jetzt Museum und mit einer Audiotour zugänglich. Das Museum vermittelt dem Besucher einen guten Eindruck des Lebensstils der Schriftstellerin und ihrer Familie.

Guten Appetit

Für ein kurze Rast unterwegs empfehlt sich das Schlosscafé in der Burg Hülshoff. Nach den ersten Kilometern und der Besichtigung des schönen Schlossparks ist der nette Gastgarten inmitten des Burghofs genau das Richtige für Kaffee und Kuchen. Auf der Speisekarte finden Sie auch westfälische Spezialitäten wie Struwen oder Biersuppe. In Hohenholte können Sie in der Kaffeewirtschaft Oeding-Erdel einkehren, im Schatten der Stiftskirche gelegen. Hier serviert das Gastwirtspaar leckeren selbstgemachten Kuchen, auch im netten Biergarten.

Über Hohenholte zurück nach Münster Ab der Burg Hülshoff folgen Sie dem Radweg entlang der Landstraße Richtung Havixbeck und biegen dann nach circa einem Kilometer rechts auf den schnurgeraden Weg Schonebeck ein, dem Sie bis zur Radwegtafel nach rechts zum Veldweg folgen. Sie radeln auf einem Wirtschaftsweg vorbei an Bauernhöfen bis zur Landstraße, die Sie rechts auf dem Radweg Richtung Hohenholte

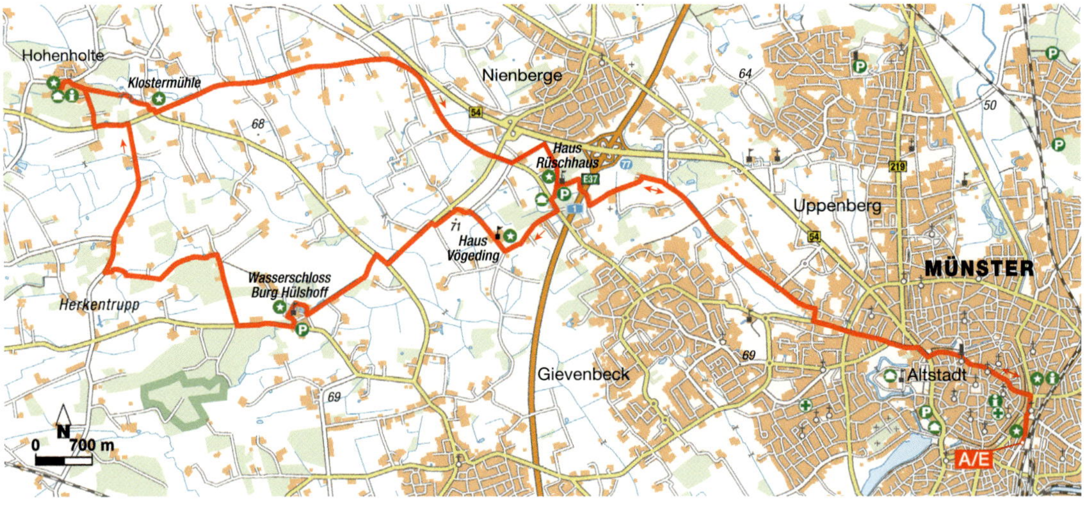

verlassen. Am Ende bei der T-Kreuzung halten Sie sich links und biegen dann rechts auf der Roxelerstraße zum Stiftsort Hohenholte ein. Mehrere Frauen aus der Familie Droste-Hülshoff waren Stiftsdamen im adeligen Damenstift von Hohenholte. Annette hielt sich hier als Kind besonders gerne auf und bekam im Stift Orgelunterricht. Das Stift wurde aufgehoben und abgerissen, aber die ehemalige Stiftskirche im Zentrum ist erhalten geblieben. Gastgärten in Hohenholte bieten noch die Gelegenheit für eine entspannte Pause, bevor Sie nach Münster zurückradeln.

Auch Haus Vögeding spielte eine Rolle in Annette von Droste-Hülshoffs Leben.

Sie fahren dazu von der Kirche die gleiche Straße zurück bis zur Kurve, an der Sie links in einen schattigen Radweg einbiegen. Sie überqueren die Münstersche Aa auf zwei Holzbrückchen und gelangen links zur alten Klostermühle samt Wasserrad. Ab jetzt geht es zurück nach Münster. Sie folgen ab der Mühle zuerst dem Radschild Richtung Roxel zur Landstraße, der Sie dann links geradeaus auf dem separaten Radweg Richtung Nienberge folgen. Nach circa sechs Kilometern an der Ampel überqueren Sie die Bundesstraße geradeaus. Sie nehmen nun den schmalen Radweg, biegen den ersten Weg links ein und gelangen so schließlich wieder zum Rüschhaus. Den Radschildern folgend gelangen Sie auf dem gleichen Weg zurück zum Münsteraner Schloss.

4

Entlang von Werse und Ems

Münster – Gelmer – Emsauen – Telgte

leicht | 34 km | 100 Hm | 3.00 Std.

Highlight: Stadtspaziergang

Ausgangs- und Endpunkt
Parkplatz bei der Pleistermühle an der Werse, Pleistermühlenweg 196, Münster

GPS
51.963635, 7.701856

Anfahrt
Auto: B51 und dann auf den Pleistermühlenweg
Bahn: Münsters Hauptbahnhof liegt an einer IC-/ICE-Strecke und ist durch viele Regionalbahnen mit dem Umland verbunden.

Tourencharakter
Rundtour auf asphaltierten Radwegen und Nebenstraßen und ungeteerten Radwegen entlang der Werse und teilweise in den Emsauen

Kombinierbar mit
Route 1, 2 und 3

E-Bike-Ladestation
Münster: Stubengasse 22 im Radlager; Telgte: Ladesäule am Marktplatz 1; Tourismus und Kultur Telgte, Kapellenstraße 2 und bei einigen Cafés und Geschäften

Radverleih
Münster: siehe Route 1; Telgte: Alexianer Leeze, Münsterstraße 32

Radkarten
Radwanderkarte Kreis Warendorf, 1:50 000, BVA Verlag, Bike Media

Information
www.muenster.de; www.telgte.de

Radtour Nummer 4 folgt größtenteils dem Werse- und dem Ems-Radweg im Großraum von Münster, quer durch reizvolle Auenlandschaften, in denen die Flüsse sowie deren besondere Flora und Fauna geschützt werden. Neben viel Natur steht auch Kultur auf dem Tagesprogramm, im charmanten Städtchen Telgte mit einer sehenswerten Innenstadt.

Entlang der Werse Los geht's bei der Pleistermühle, die bereits bei der Route 2 der Startpunkt war und deshalb auch dort beschrieben wurde. Sie radeln an der alten Wassermühle vorbei zum rechten Werseufer und folgen den Wegweisern links nach Norden Richtung Handorf, einem Vorort von Münster. Der Radweg folgt dem Fluss, der sich durch die ursprüngliche Landschaft schlängelt. Beim Café Nobis unterqueren Sie im Zickzack sowohl die Bundesstraße als auch die Gleise.

Am Rand von Handorf angekommen, radeln Sie links und danach gleich wieder links auf einem Werse-Pättkes zurück zum Fluss. Sie überqueren die Werse und gelangen zum Stadtpark, angelegt in einem ehemaligen Schlossgarten. Hier halten Sie sich rechts und stoßen kurz danach auf die stark befahrene Südmühlenstraße, an der Sie links weiter dem Werse-Radweg Richtung Ladbergen und Gelmer folgen. In diesem Gebiet kommen mehrere Radwege zusammen. Achten Sie auf das gelbe Logo des Werse-Radweges. Sie radeln am Rande von Südmühle und dann auf das ländlich gelegene Gut Havichhorst zu, eines der ältesten Landhöfe im Münsterland. Der Hof wird heute als Tagungs- und Seminarzentrum benutzt und ist nur im Vorbeifahren zu bewundern. Zum Hof gehörte auch die Havichhorster Mühle, eine alte Wassermühle, an der die Radroute vorbeiführt und an der Sie dann die Werse wieder überqueren. Nach dem traditionsreichen Landhaus Eggert mit Restaurant geht es weiter Richtung Gelmer. Den Ort streifen Sie dabei nur am Rande. Sie halten sich hier rechts an die Wegweiser nach Fuestrup-Ostbevern.

Wassermühle mit Rastplatz an der Ems

Die Emsauen Bei Gelmer verabschieden Sie sich von der Werse, die hier in der Ems mündet. Sie überqueren die Ems und radeln weiter nach Fuestrup, vorbei am Restaurant Tennenhof, wonach Sie rechts die Straße überqueren und dem Ems-Radweg folgen. Die Route folgt nun dem Verlauf des Flusses durch das ruhige Naturschutzgebiet Emsauen-Münster. Mal radeln Sie am Ufer entlang, dann entfernen Sie sich wieder etwas vom Fluss. Manchmal ermöglichen Aussichtsplattformen freie Blicke auf die Flusslandschaft, manchmal vermitteln Infotafeln viel Wissenswertes. Und mit etwas Glück begegnen Sie Wildpferden oder Auerochsen.

Guten Appetit

Direkt am Werse-Radweg liegt das renommierte Landhaus Eggert. Zum Essen bietet sich bei schönem Wetter die Terrasse mit Blick in das Werse-Tal an. Gekocht wird bevorzugt mit Produkten von diversen landwirtschaftlichen Betrieben aus der Region. Neben Spezialitäten wie Münsterländer Zwiebelfleisch bietet die Speisekarte auch internationale und vegetarische Gerichte an. Einige Kilometer weiter am Ems-Radweg serviert die Gaststätte Tennenhof bodenständige Küche. Sie ist bei Radfahrern auch wegen der schattenreichen Terrasse beliebt.

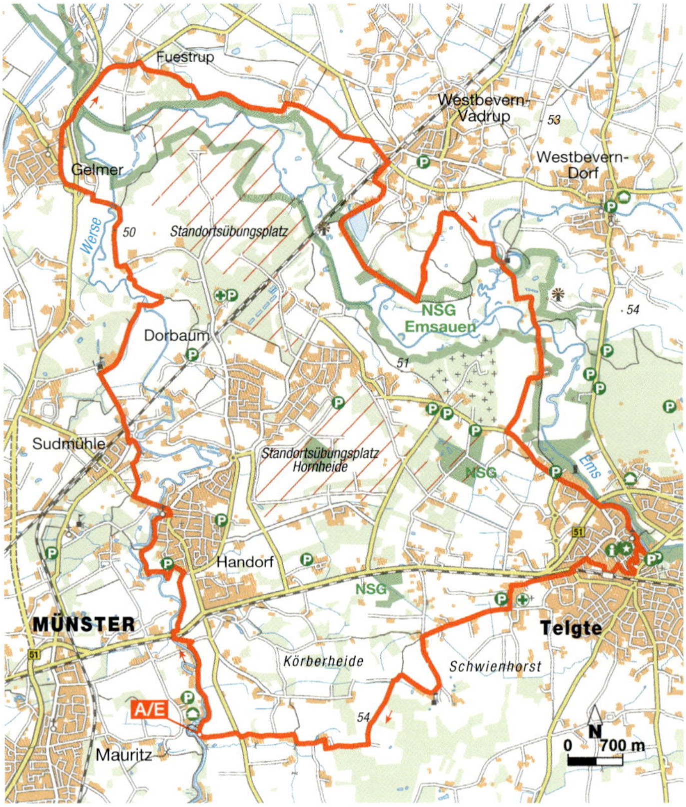

Rechts: Gemütlicher Garten des Café Nobis am Werse-Ufer

Rechte Seite: Mal das Rad abstellen und mit dem Kanu die Werse erkunden

Auf halbem Weg lädt eine nette Sitzgruppe zu einer Rast ein. Die Raststation ist idyllisch gelegen bei einem Wehr am Nebenflüsschen Bever. Sehenswert sind hier auch eine gut erhaltene Wassermühle und das Haus Langen, ein historisches Gut mitten im Wald, das allerdings in Privatbesitz ist.

Durch ländliche Gegend retour Den Radwegweisern folgend, kommen Sie schließlich in Telgte an, wo Sie beim Kreisverkehr geradeaus ins Zentrum weiterfahren. Nehmen Sie sich Zeit für eine Besichtigung der historischen Altstadt. Nach dem Stadtrundgang folgen Sie den Wegweisern Richtung Bahnhof und gelangen so zur Straße Münster Tor. Sie überqueren die Gleise und folgen nun dem Radweg und den Wegweisern Handorf. Nach dem Rochus-Krankenhaus verlassen Sie Telgte über den Weg Woste und lassen die Bundesstraße samt Verkehrslärm hinter sich. Den Radschildern folgend, gelangen Sie durch eine ruhige, ländliche Gegend mit Bauernhöfen, Feldern und Waldstücken zurück zum Startpunkt der Route, der Pleistermühle, dessen Restaurant mit Biergarten den idealen Platz bietet, um diese entspannte Radtour abzuschließen.

Münsterland-Erfahrung

Telgte zählt zu den ältesten Orten im Münsterland und ist bis weit über die Grenzen Nordrhein-Westfalens auch als Wallfahrtsort bekannt. Jedes Jahr besuchen neben Tagesgästen und Radtouristen etwa 150 000 Pilger die Kleinstadt mit rund 20 000 Einwohnern. Eine Stadttour beginnt man am besten am Marktplatz, um den sich der historische Kern mit Gassen und Giebelhäusern erstreckt. Vom hübschen Marktplatz führt die Kapellenstraße direkt zum Hauptanziehungspunkt von Telgte, der Wallfahrtskapelle Sankt Marien. Sie ist der Mittelpunkt während der drei jährlichen Wallfahrten, die in Osnabrück, Warendorf und Rheine starten. Die achteckige, barocke Marienkapelle wurde Mitte des 17. Jahrhunderts errichtet. Für das aus 1370 stammende Vesperbild der schmerzhaften Maria wurde 1763 eine Sakristei gebaut und diese etwa 100 Jahre später mit der Kapelle für die Pilger verbunden. Neben der Kapelle erhebt sich die spätgotische Propsteikirche Sankt Clemens, eine Hallenkirche, die auf den Grundmauern einer romanischen Kirche errichtet wurde. Die Sehenswürdigkeiten erstrecken sich vom Museum für religiöse Kunst über das Kornbrennerei-Museum bis zur ehemaligen Getreidemühle an der Ems, heute als Christoph-Bernsmeyer-Haus bekannt.

5 Harkotten

Warendorf – Füchtorf – Feldmarksee – Sassenberg

leicht | 36 km | 84 Hm | 3.00 Std.

Highlight: Sehenswürdigkeit

Ausgangs- und Endpunkt
Parkplatz beim Bahnhof in Warendorf

GPS
51.950800, 7.981874

Anfahrt
Auto: Warendorf erreichen Sie über die B64 und B475.
Bahn: Warendorf ist durch Regionalbahnen mit dem Umland verbunden und mit Münster, das an einer IC-/ICE-Strecke liegt.

Tourencharakter
Rundtour auf meist asphaltierten Radwegen, Neben- und Wirtschaftsstraßen

Kombinierbar mit
Route 6

E-Bike-Ladestation
Warendorf: Ladestation am Markt, Ecke Fleischhauerstraße; Radstation Warendorf, Bahnhofstraße 11 und bei einigen Cafés und Restaurants; Sassenberg: Hotel/Restaurant Eichenhof, Dorfstraße 4, Klein-Reken

Radverleih
Warendorf: Radstation, Bahnhofstraße 11; Velo Tec, Beelener Straße 7

Radkarten
Radwanderkarte Kreis Warendorf, 1:50000, BVA Verlag, Bike Media

Information
www.warendorf.de;
https://harkotten.eu

Auf dieser Tour erleben Sie die abwechslungsreiche Landschaft nördlich der historischen Stadt Warendorf im Osten des Münsterlands. Die Strecke verläuft durch altes Bauernland und Waldgebiet zum Doppelschloss Harkotten bei Füchtorf, ein Ort, der für seinen Spargel bekannt ist. Auf dem Rückweg können Sie einen Stopp im Erholungsgebiet Feldmarksee machen, bevor Sie über Sassenberg retour radeln.

Auf nach Füchtorf und Harkotten Sie starten diese Radtour am Bahnhof in Warendorf und radeln beim Bahnübergang links durch die Freckenhorster Straße zur historischen Altstadt. Über den lebhaften und schönen Marktplatz, vorbei am Alten Rathaus und anderen historischen Gebäuden, gelangen Sie zur Ems. Sie überqueren den Fluss über »Zwischen den Emsbrücken«, wonach die Route geradeaus weitergeht und Sie

Frühlingshafter Radweg

den Wegweisern nach Glandorf folgen. Rechts lädt das Nordrhein-Westfälische Landgestüt zu einem ersten Stopp ein. Der Außenbereich der denkmalgeschützten Stallanlagen ist jederzeit frei zugänglich. Die Ställe selbst können nur während der Dienstzeiten besichtigt werden.

Warendorfs Marktplatz mit seinen gemütlichen Terrassencafés

Sie verlassen Warendorf und folgen nach dem Bach den Radtafeln rechts durch die Bauerschaft Gröblingen und orientieren sich weiter am Wegweiser Glandorf. Die Strecke führt sehr idyllisch durch Wiesen und Felder auf einer ziemlich ruhigen Nebenstraße und später auf einem gut ausgebauten Rad- und Forstweg bis Füchtorf.

Füchtorf ist weithin für seinen Spargel bekannt, der während der Saison frisch ab Hof erhältlich ist. In Füchtorf folgen Sie

Guten Appetit

Auf halber Strecke dieser Radroute gelegen, bietet das Schlosscafé Wappensaal den idealen Platz zum Einkehren. Das Restaurant ist in einem stilvollen Nebengebäude des Doppelschlosses Harkotten untergebracht. Bei Schönwetter genießt man hier die Ruhe auf der Terrasse mit Blick auf das Schloss, den Garten mit Blumenbeeten und Springbrunnen. Angeboten werden verschiedene saisonale und regionale Gerichte sowie hausgemachte Torten. Wochentags gibt es einen wechselnden Mittagstisch und am Sonntag steht ein Frühstücksbuffet für radelnde Frühaufsteher bereit.

der Straße nach rechts und orientieren sich dabei am Kirchturm. Sie radeln durch den Ortskern und verlassen Füchtorf schon bald wieder Richtung Glandorf. Der Radweg führt nun durch ein Waldstück und danach halten Sie sich rechts. Statt Richtung Glandorf folgen Sie nun den Wegweisern Richtung Halle-Versmold. Nahe Harkotten radeln Sie kurz parallel an der Bundesstraße. Achtung! Nicht die stark befahrene Bundesstraße einfach überqueren, sondern den etwas weiter gelegenen Tunnel benutzen, um an der anderen Straßenseite zu den Schlössern Harkotten zu gelangen.

Feldmarksee Nach einer verdienten Pause im Schlosscafé sind Feldmarksee und Sassenberg die nächsten Ziele. Sie folgen vom Schloss der malerischen Allee mit ihren alten Bäumen Richtung Osten bis zur Laerer Straße, der Sie rechts, später links folgen. Die Strecke führt an einigen idyllisch gelegenen Unterkünften vorbei, bis Sie nach dem Landhaus Buddenkotte auf eine Landstraße stoßen. Sie ignorieren hier die Radschilder und folgen dem separaten Radweg links unmittelbar an der Straße entlang. Bald danach überqueren Sie nach rechts bei einer Tischlerei die Landstraße und radeln auf einer Nebenstraße Richtung

Münsterland-Erfahrung

Eine Besonderheit unter den vielen Schlössern des Münsterlandes ist die Doppelschlossanlage von Harkotten, einem Ortsteil von Füchtorf. Das Schloss von Ketteler und das etwas jüngere Schloss von Korff bilden die heutige Anlage. Die Freiherren von Ketteler kamen durch Erbe in einen Teilbesitz und ließen Mitte des 18. Jahrhunderts ihr Anwesen abreißen. Die Basis war eine Wasserburg aus dem 14. Jahrhundert, die zur Sicherung der Bistumsgrenzen von Münster gegen Osnabrück errichtet wurde. An Stelle der Burg wurde ein Schloss im barocken Stil erbaut, das derzeit von einer Designagentur genutzt wird und deshalb nicht zugänglich ist. Auch die Freiherren von Korff ließen ihren Teil des Anwesens dem Erdboden gleichmachen und errichteten ab 1805 an gleicher Stelle ein Schloss im klassizistischen Stil nach dem Vorbild des Schlosses im Gartenreich Wörlitz bei Dessau. Die Familie Korff bewohnt heute noch das Schloss, das ab und an mit einer Führung zu besichtigen ist. Zur Anlage gehören auch eine Kapelle und ein Nebengebäude mit dem Wappensaal, in dem sich ein Café und ein Laden befinden. In unmittelbarer Nähe des Doppelschlosses stand übrigens einst eine Liebestanne, die 1982 gefällt wurde und früher als Glücksbringer für Liebespaare galt.

Logo des Werse-Radweges

Bauerschaft Rippelbaum. Sie fahren nun über einen beschaulichen Weg entspannt zum Erholungsgebiet Feldmark mit See, Strandbad, Wassersportmöglichkeiten und ausgedehntem Wandernetzwerk. Im Sommer ist hier ganz schön viel los. Die Radroute passiert den beliebten Badesee am Rande. Sie können aber leicht einen Abstecher zum See machen, wo Sie auch ein nettes Lokal mit Seeblick antreffen. Weiter geht es nach dem Campingplatz links zur Bundesstraße, die Sie erst rechts und dann links überqueren und an einem weiteren Campingareal vorbeiradeln. Sie gelangen so mitten in den Ortskern von Sassenberg, wo die Route an einer T-Kreuzung links weitergeht. Sie sehen im Ortszentrum die alte Wassermühle aus 1578, die Barockkirche und gegenüber das Backsteinhaus Schücking, erbaut im 18. Jahrhundert für den gleichnamigen Bischof.

Die Radwegweiser leiten Sie von Sassenberg durch Wiesen und Felder schließlich zurück nach Warendorf und zur Ems, der Sie kurz nach rechts folgen. Der Radweg führt dann am Ende einfach wieder ins Ortszentrum und zum Bahnhof von Warendorf zurück.

6 Im Land der Pferde

Warendorf – Freckenhorst – Everswinkel – Müssingen

leicht | 32 km | 100 Hm | 2.30 Std.

Highlight: Stadtspaziergang

Ausgangs- und Endpunkt
Parkplatz beim Bahnhof in Warendorf, Bahnhofstraße 24

GPS
51.950800, 7.981874

Anfahrt
Auto: Warendorf erreichen Sie auf der B64 und B475.
Bahn: Warendorf ist durch Regionalbahnen mit dem Umland verbunden und mit Münster, das an einer IC-/ICE-Strecke liegt.

Tourencharakter
Rundtour auf meist asphaltierten Radwegen, Neben- und Wirtschaftsstraßen

Kombinierbar mit
Route 5

E-Bike-Ladestation
Warendorf: Ladestation am Markt, Ecke Fleischhauerstraße; Radstation Warendorf, Bahnhofstraße 11 und bei einigen Cafés und Restaurants

Radverleih
Warendorf: Radstation, Bahnhofstraße 11; Velo Tec, Beelener Straße 7

Radkarten
Radwanderkarte Kreis Warendorf, 1:50000, BVA Verlag, Bike Media

Information
www.warendorf.de

Die Hansestadt Warendorf sollte auf keiner Tour durchs Münsterland fehlen. Vom historischen Städtchen an der Ems führt diese attraktive Rundtour in die grüne Umgebung, bekannt als »Land der Pferde«. Typische Ackerbürgerhäuser, monumentale Kirchen und Klöster sowie schöne Bauernhöfe säumen den Weg. Am Ende der Tour radeln Sie auf einem Abschnitt des beliebten Ems-Radweges zurück.

Auf nach Freckenhorst Vom Bahnhof Warendorf geht es rechts zur Freckenhorster Straße, auf der Sie die Gleise überqueren und gleich links in der Brede einbiegen. Sie folgen dieser von alten Villen gesäumten Straße und biegen am Ende links in die Düsternstraße ein. Danach nehmen Sie rechts die Splieterstraße und gleich noch mal schräg rechts die Breite Straße, auf der Sie stadtauswärts radeln. Sie folgen den Radschildern durch Wald- und Wiesenlandschaft, biegen dann rechts ab und gelangen über den Weg Im Hagerort nach Freckenhorst.

Einer der vielen Reiterhöfe am Radweg bei Warendorf

Der Ortskern von Freckenhorst geht zurück auf ein adeliges Frauenstift, das hier 856 gegründet wurde. Im Jahr 1000 wurde dann mit dem Bau der Stiftskirche begonnen, die über 100 Jahre später fertiggestellt war. Die Kirche ist dem Heiligen Bonifatius gewidmet und ihr Turm bereits von Weitem sichtbar. Neben der Kirche sind noch Teile des mittelalterlichen Kreuzganges erhalten und

Historisches Haus in der Altstadt von Everswinkel

Münsterland-Erfahrung

Die Geschichte der heute knapp 40000 Einwohner zählenden Kleinstadt Warendorf geht bis weit ins 9. Jahrhundert zurück. 1224 wurde der Ort schließlich zur Stadt erhoben. Die Leineweberei sowie die Silber- und Goldschmiedekunst trugen zum Beitritt der Stadt zum Hanseverbund bei, was zu einem wirtschaftlichen Aufschwung führte. Warendorf besitzt eine wunderschöne, malerische Altstadt, die sich um den Marktplatz mit gotischem Rathaus und gemütlichen Terrassencafés gruppiert. Gassen und schmale Straßen führen vom Platz aus zu historischen Kirchen und Häusern aus unterschiedlichen Stilepochen und zum Bentheimer Turm aus 1300, einem der letzten der fünf Wachtürme in der ehemaligen Stadtbefestigung.

Warendorf ist aber vor allem bekannt als »Stadt der Pferde«. Die Basis dafür wurde 1732 vom Preußenkönig König Friedrich Wilhelm I. mit der Gründung der Verwaltung des preußischen Staatsgestüts gelegt. Knapp 100 Jahre später wurde vom Thronfolger Wilhelm III. der Grundstein für das heutige Nordrhein-Westfälische Landesgestüt gelegt, das bis heute die Traditionen aufrechterhält und auch seine Pforten für Publikum fast immer offen hat.

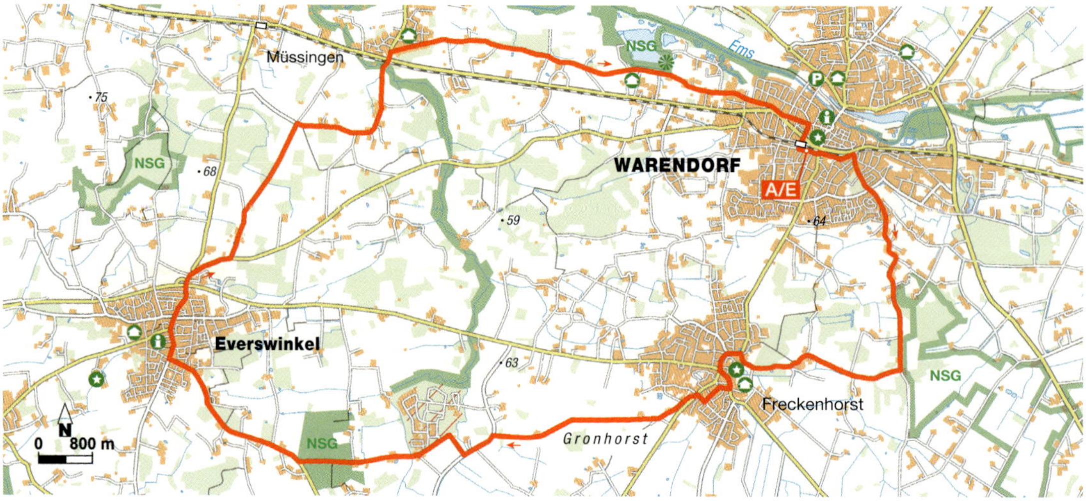

zu besichtigen. Sehenswert ist auch der kleine Stiftsmarkt, ein netter Platz mit Fachwerkhäusern.

Am Haupteingang der Kirche entlang geht die Radroute geradeaus durch den Stiftshof weiter bis zum Restaurant. Hier biegen Sie links auf einen schönen Radweg am Bach entlang ein. Die Route schlängelt sich rechts–links durch den Ort. Orientieren Sie sich an den Radwegtafeln. Am Ortsrand stoßen Sie auf eine Landstraße, der Sie links folgen und die Sie bald schon wieder nach rechts verlassen. Sie radeln jetzt auf dem ruhigen Windmühlenweg Richtung Everswinkel.

Guten Appetit

Auf der Schlussetappe nach Warendorf weist am Wegesrand ein Schild zum Hofladen Austermann. Viele Radfahrer nutzen die Gelegenheit zum Einkaufen im gepflegten Geschäft. Am Hof werden vor allem Gurken angebaut, eingelegt und im Laden verkauft. Auch frisches Obst, Gemüse, Wurstwaren und Fleisch sowie diverse Produkte von Partnern aus dem Münsterland befinden sich im Angebot. Und im netten, kleinen Café gibt es leckeren, hausgemachten Kuchen, der sich am besten auf der Außenterrasse genießen lässt.

Weiter nach Everswinkel Eine genussvolle Strecke entlang von Bauern- und Reiterhöfen führt Sie zur nächsten Landstraße, der Sie links bis zum Radwegweiser folgen, welcher Sie nach rechts leitet. Der Radweg verläuft nun über das Gelände eines Spargelhofes, anschließend durch Wald und stößt letztendlich auf die Straße, von der ein separater Radweg rechts nach Everswinkel hineinführt. Beim Kreisverkehr radeln Sie geradeaus bis zur nächsten Kreuzung. Hier ignorieren Sie die Radschilder. Stattdessen biegen Sie rechts in die Bergstraße zur

Gepflegt und von wunderschönen Gebäuden umstanden: der Stiftsplatz von Freckenhorst

Ortsmitte ein, wobei sie sich an der Kirche orientieren. Eine kurze Besichtigung lohnen die typischen Ackerbürgerhäuser und Getreidespeicher, die im Mittelalter rund um die Kirche entstanden sind.

Unterwegs auf dem Ems-Radweg Vom Ortszentrum in Everswinkel geht es zurück durch die Bergstraße, die geradeaus übergeht in die Bahnhofstraße und aus Everswinkel hinausführt. Sie überqueren die Bundesstraße und folgen beim Kreisverkehr rechts dem separaten Radweg entlang der Landstraße. Kurz danach beim Bauernhof an der linken Seite biegen Sie links auf den Erter ein. Sie erblicken dann bereits den schmalen Radweg Richtung Müssingen. Es folgt noch eine Waldstrecke, bis Sie beim Radrastplatz auf den Europaradweg stoßen, dem Sie rechts nach Müssingen folgen. Sie überqueren bei der Ampel geradeaus die Gleise und die Bundesstraße, wonach Sie in Müssingen gleich in die erste Straße nach rechts einbiegen. Jetzt sind Sie auf dem lebhafteren Ems-Radweg angelangt und radeln durch die vom Fluss geprägte Landschaft. Unterwegs passieren Sie einen Aussichtsturm mit Blick auf einen Altarm der Ems. Einige Meter vor dem Turm bietet sich übrigens noch ein kurzer Abstecher zum Hofladen Austermann an.

Auf dem Radweg immer geradeaus radelnd, gelangen Sie schließlich ins Zentrum von Warendorf. Unmittelbar bevor Sie das Ortszentrum erreichen, geht es rechts zum Bahnhof zurück, allerdings sollten Sie es nicht versäumen, Warendorf zu besichtigen. Schon wegen der gemütlichen Terrassencafés am historischen Marktplatz lohnt sich der Abstecher ins Zentrum.

7 Herrensitze im Grünen

Drensteinfurt – Ascheberg – Davensberg – Rinkerode

leicht 37 km 74 Hm 3.00 Std.

Highlight: Naturparadies

Ausgangs- und Endpunkt
Parkplatz beim Bahnhof in Drensteinfurt, Am Ladestrang 5

GPS
51.798960, 7.733051

Anfahrt
Auto: Drensteinfurt liegt circa 8 Kilometer östlich der A1 an der B58, B63 und B54.
Bahn: Regionalbahn in die nähere Umgebung, ins Ruhrgebiet (Hamm) und nach Münster (IC, ICE).

Tourencharakter
Rundtour auf asphaltierten Radwegen, Neben- und Wirtschaftsstraßen, ungeteerte Radwege in der Davert

Kombinierbar mit
Route 8

E-Bike-Ladestation
Drensteinfurt: Erlbad, Im Erlfeld 4; Ascheberg: Katharinenplatz 1 (Stadtmarketing); Davensberg: Hotel Clemens-August, Burgstraße 54

Radverleih
Drensteinfurt: Erlbad, Im Erlfeld 4; Ascheberg: Sozialwerk Sankt Georg, Im Heubrock 2; Davensberg: Gasthaus Eickholt, Frieport 22

Radkarten
Radwanderkarte Kreis Warendorf, 1:50 000, BVA Verlag, Bike Media

Information
www.drensteinfurt.de; www.ascheberg.de; www.rinkerode.de

Verträumte Herrenhäuser und alte Dorfkerne säumen diese gemütliche Route durch das zentrale Münsterland. Die Tour führt Sie von Drensteinfurt nach Ascheberg, Davensberg und Rinkerode auf eine Etappe der 100-Schlösser-Route. Unterwegs durchqueren Sie das waldreiche Naturschutzgebiet Davert. Weiden und Äcker prägen den letzten Abschnitt der Route.

Zuerst nach Ascheberg Sie starten beim Bahnhof in Drensteinfurt, folgen den Radtafeln durch das Gewerbegebiet und überqueren an der Ampel die Konrad-Adenauer-Straße geradeaus. Die Radtafeln führen anschließend durch das Wohnviertel aus Drensteinfurt hinaus. Auf der ruhigen Nebenstraße Rieth radeln Sie zwischen Feldern hindurch bis zur T-Kreuzung. Sie halten sich hier rechts und bei nächster Gelegenheit links Richtung Ascheberg. Am Ende der Straße folgen Sie kurz rechts der

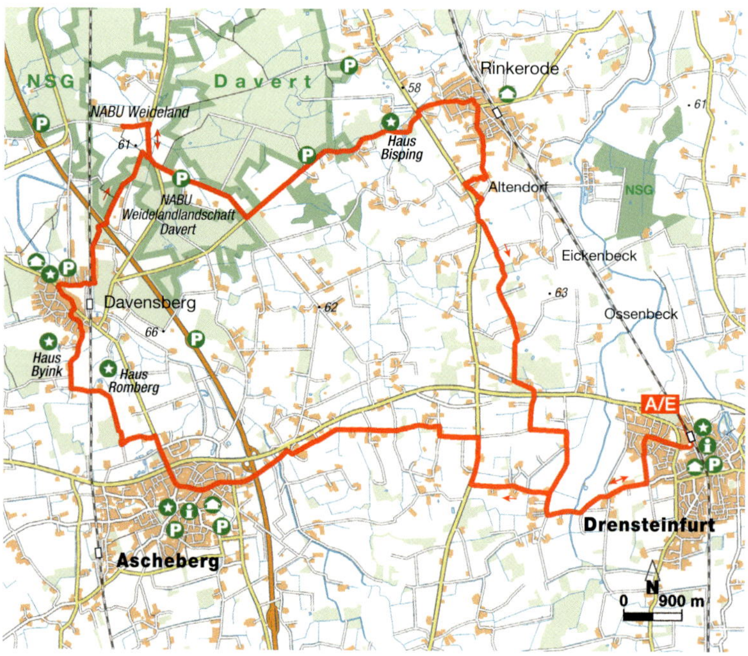

Bundesstraße auf dem separaten Radweg und biegen dann links in die Nebenstraße Im Hagen ein. Die Strecke führt Sie nun über die Autobahn hinweg nach Ascheberg hinein. Sie radeln beim Kreisverkehr geradeaus und durchqueren den Ort mit einem Linksbogen durch die Dieningstraße und die Appelhofstraße. Hier lohnt sich ein kurzer Abstecher zum historischen Ortskern am Kirchplatz. Der Blickfang ist die spätgotische Hallenkirche Sankt Lambertus, aber sehenswert sind auch die Fachwerkhäuser am Platz.

Unasphaltierter, schattiger Radweg zum Haus Byink

Sie verlassen den Ortskern rechts durch die Sandstraße und biegen dann links ab auf die Davensberger Straße. Bei der Ampel am Ortsrand überqueren Sie die Bundesstraße. Sie radeln geradeaus weiter entlang des Industriegeländes,

Guten Appetit

Im familiengeführten Hotel-Restaurant Clemens-August im Dorf Davensberg ist der Gast fast den ganzen Tag hindurch willkommen. Hier können Sie den Tag mit einem ausgiebigen Frühstück beginnen oder eine kurze Verschnaufpause während der Radtour einlegen. In der Stube und im Biergarten wird bodenständige westfälische Hausmannskost angeboten, wie Krüstchen oder Zwiebelfleisch. Diverse hausgemachte Schnitten und Torten dürfen natürlich auch nicht fehlen – egal, ob zum Nachtisch oder zum Nachmittagskaffee.

bis der Wegweiser Sie nach rechts auf die Nebenstraße Vierhagen leitet.

Herrensitze im Grünen Jetzt folgt eine recht schöne Strecke durch die Münsterländer Parklandschaft nach Davensberg. Auf dem Weg dorthin führt Sie die Tour an zwei alten Herrenhäusern vorbei. Beide Häuser sind in Privatbesitz und deshalb nur von außen zu besichtigen. Zuerst erblicken Sie zwischen dem Laub der Bäume die ehemalige Ritterburg Haus Romberg. Doch beeindruckender ist zweifelsohne der nächste Herrensitz: Haus Byink. Von der Anlage ist noch das westfälische Bauernhaus mit schmucken Renaissancegiebeln erhalten geblieben sowie das Torhaus mit turmartigen Vorbauten.

Durch die Davert Sie radeln an der T-Kreuzung links nach Davensberg hinein, dem Tor zum Naturschutzgebiet Davert. Der Name bedeutet »die an der Davert errichtete Burg«. Ein runder Burgturm ist noch erhalten geblieben. Er steht direkt am Radweg und lädt zu einem kurzen Stopp ein. Auch das Fachwerkensemble bei der Kirche ist sehenswert. Beim Gasthaus Zur Davert halten Sie sich rechts Richtung Rinkerode. Sie radeln unter den Gleisen hindurch, dann rechts und folgen geradeaus dem Waldweg. Nach der Autobahnüberquerung haben Sie das Naturschutzgebiet Davert erreicht. Sie radeln durch den Wald

Münsterland-Erfahrung

Der Frühling ist mit Abstand die beste Zeit, um das Naturschutzgebiet Davert zwischen Amelsbüren, Davensberg, Ottmarsbocholt und Rinkerode zu besuchen. Natürlich haben auch andere Jahreszeiten ihren Reiz, doch im Frühjahr erwacht alles neu zum Leben, alles ist noch jung, noch frisch und weite Teile des Naturschutzgebietes werden in ein sanftes Blütenmeer getaucht. Die Davert ist das größte zusammenhängende Waldgebiet im Münsterland mit uralten Laubwäldern und Eichenbeständen sowie am Rande mit Heideflächen, Sumpfwäldern und Mooren, die durch den Torfabbau entstanden sind. Gleichzeitig mit dem Torfstechen wurden zu Beginn des 19. Jahrhunderts weite Teile der sumpfigen Landschaft trockengelegt und aufgeforstet. Ein gutes Netz aus begeh- und befahrbaren Wander- und Radwegen, die alle an einem Wanderparkplatz beginnen, durchzieht die Davert. Mehr Informationen über das Naturschutzgebiet, seine Bewohner und die Möglichkeiten, das Gebiet zu erkunden, erhalten Sie von den Schautafeln bei den Parkplätzen, im Biologischen Zentrum in Lüdinghausen und in der NABU-Naturschutzstation Münsterland in Münster.

Schön leben im Grünen: Die Wohnungen im Haus Bisping machen es möglich.

bis zur Durchgangsstraße, an der Sie rechts, dann links weiterradeln. Die nächsten Kilometer bis Rinkerode führt die Strecke durch das geschützte Waldgebiet. Schautafeln bei den Parkplätzen informieren über das Gebiet.

Rinkerode Kurz vor Rinkerode kommen Sie zum malerisch gelegenen Haus Bisping. Obwohl die Besichtigung nur von außen möglich ist, ist es eine sehr sehenswerte Anlage. In Sichtweite befindet sich Haus Borg, das nur aus der Ferne zu sehen ist. In Rinkerode angekommen, radeln Sie rechts, dann links zum alten Dorfkern bei der Kirche. Hier verlassen Sie die 100-Schlösser-Route. Vom Ortszentrum radeln Sie an der Bäckerei/Konditorei Frede entlang und Sie folgen dann rechts dem Wegweiser Richtung Ascheberg. Ab jetzt weisen die Radschilder den Weg durch die ruhige Bauerschaft Eickenbeck mit ihren Feldern und Äckern zurück. Vorsicht bei der Überquerung der Bundesstraße! Sie erreichen Drensteinfurt beim Radrastplatz links über die Rieth, und sind nun auf dem gleichen Weg, den Sie gekommen sind. Nehmen Sie sich zum Schluss noch etwas Zeit, um die Altstadt zu besichtigen.

8 Zum Schloss Westerwinkel

Drensteinfurt – Herbern – Capelle – Ascheberg

mittel | 38 km | 93 Hm | 3.30 Std.

Highlight: Sehenswürdigkeit

Ausgangs- und Endpunkt
Parkplatz beim Bahnhof in Drensteinfurt, Am Ladestrang 5

GPS
51.798960, 7.733051

Anfahrt
Auto: Drensteinfurt liegt circa 8 Kilometer östlich der A1 an der B58, B63 und B54.
Bahn: Regionalbahn in die nähere Umgebung, ins Ruhrgebiet und nach Münster (IC, ICE).

Tourencharakter
Rundtour auf asphaltierten Radwegen, Neben- und Wirtschaftsstraßen

Kombinierbar mit
Route 7

E-Bike-Ladestation
Drensteinfurt: Erlbad, Im Erlfeld 4; Ascheberg: Katharinenplatz 1 (Stadtmarketing); Gaststätte Beil-Klause, Bahnhofsweg 20; Frye's Fahrradhof, Raiffeisenkassen 10; Herbern: Zweirad Hölscher, Bernhardstraße 21

Radverleih
Drensteinfurt: Erlbad, Im Erlfeld 4; Ascheberg: Sozialwerk Sankt Georg, Im Heubrock 2

Radkarten
Radwanderkarte Kreis Warendorf, 1:50 000, BVA Verlag, Bike Media

Information
www.drensteinfurt.de; www.ascheberg.de; www.rinkerode.de

Felder und Wiesen wechseln sich auf dieser landschaftlich reizvollen Radroute mit sanften Hügeln und Waldgebieten ab. Neben der schönen Landschaft können Sie sich aber auch an Sehenswürdigkeiten erfreuen, wie in der historischen Altstadt von Drensteinfurt oder im Dorfkern von Ascheberg. Das Highlight der Route erwartet Sie bei Herbern: Schloss Westerwinkel.

Erste Etappe: Herbern Diese Tour startet wie bei Route 7 beim Bahnhof Drensteinfurt. Sie folgen ab hier den Radtafeln durch das Gewerbegebiet und überqueren bei der Ampelkreuzung die Straße geradeaus. Die Radtafeln weisen anschließend den Weg durch das Wohnviertel aus dem Ort hinaus. Sie radeln auf einer Nebenstraße durch die Dorfbauerschaft Rieth bis zur T-Kreuzung, wo Sie sich links Richtung Herbern halten. Die Route verläuft jetzt auf einem Abschnitt der Burg-und-Schloss-

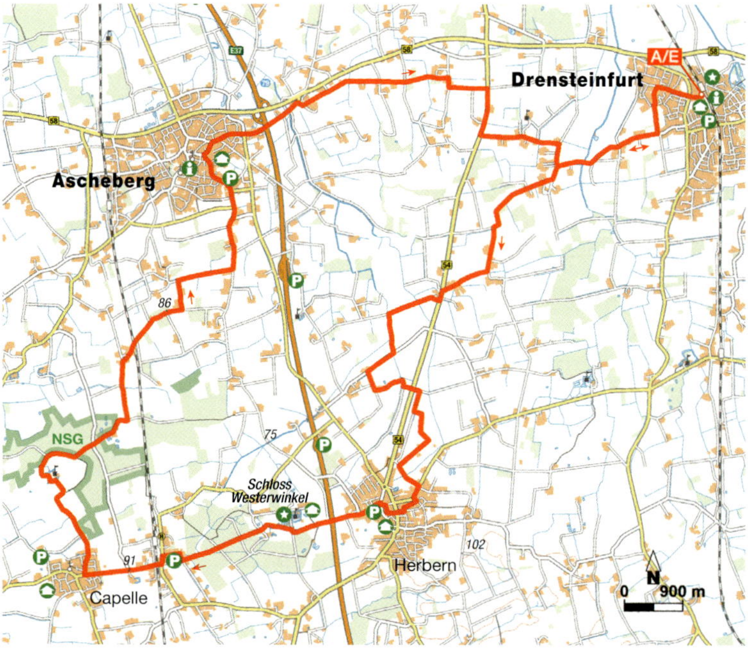

Typische Münsteraner Parklandschaft

Tour durch die Bauerschaft Forsthövel nach Herbern, wobei Sie zweimal die Bundesstraße queren.

In Herbern führen die Radschilder im Zickzack durch den Ort Richtung Kirchturm. Die Sankt-Benediktus-Kirche mit ihrer Turmfassade ist das Wahrzeichen von Herbern. Sie verlassen das Dorf wieder links auf der Altenhammstraße hinter der Kirche. Danach überquert der Radweg die Autobahn A1 und es sind schon die Türme und die hübschen weiß-blauen Fensterflügel des Schlosses Westerwinkel sichtbar.

Schloss Westerwinkel Bereits im Mittelalter stand an dieser Stelle eine Burg. Das heutige Wasserschloss datiert aus dem

Guten Appetit

Das kulinarische Angebot im Städtchen Drensteinfurt ist leider äußerst bescheiden. Das Eiscafé Valcellina liegt im Ortskern, in der Straße neben der denkmalgeschützten Alten Post. Für einen warmen Kaffee oder ein erfrischendes Eis zum Abschluss der Radroute ist das kleine Lokal aber genau die richtige Adresse. Die Einrichtung ist unprätentiös, aber die Stammgäste loben den netten Service und schwärmen vom Geschmack und von der Qualität des Eises. Fast täglich ab 12 Uhr ist das Eiscafé geöffnet.

Münsterland-Erfahrung

Aus einem mittelalterlichen Hofgut an einer Wersefurt entwickelt sich das charmante Städtchen Drensteinfurt. Um seiner Geschichte zu folgen, hat das Stadtamt einen Rundgang mit Informationstafeln entwickelt, der Sie zu den historisch interessantesten Gebäuden und Schauplätzen führt; es werden aber auch geführte Touren angeboten. Ein guter Ausgangspunkt für einen kleinen Spaziergang auf eigene Faust ist das wunderschön renovierte Fachwerkhaus Alte Post von 1647, das wohl beeindruckendste Baudenkmal im Herzen der Stadt. Ein paar Schritte nördlich davon befinden sich eine Wassermühle, die zum gegenüberliegenden Haus Steinfurt gehört, eine klassizistische Schlossanlage mit gepflegtem Park, zwei Torhäuser und ein zentrales Herrenhaus aus dem frühen 18. Jahrhundert, das allerdings privat bewohnt wird. Östlich der Alten Post liegen die geschichtlich interessante Kurze Gasse und der Kirchplatz mit der dreischiffigen Pfarrkirche Sankt Regina, die größtenteils aus Backstein errichtet wurde. Weiter südlich finden Sie den modernisierten Marktplatz mit den Straßenzügen Süd- und Westwall um den Kern. Lediglich deren Name erinnert heute noch an ihre einstige Funktion: den Schutz des Ortes.

17. Jahrhundert. Es wurde auf einer Insel gebaut, ist umgeben von Wassergräben und besteht aus vier Flügeln mit Ecktürmen. Die Anlage beeindruckt schon von Weitem mit ihren Ausmaßen und der bestimmten Schlichtheit. Über die Schlossbrücke und durch das Eingangstor gelangen Sie in die Vorburg und weiter in den Innenhof, die beide frei zu besichtigen sind. Westerwinkel wurde von den Grafen von Merfeldt (auch Merveldt) erbaut, die auch heute noch die Besitzer sind. Die Prunksäle sind nur für Gruppen bei Voranmeldung zu besichtigen. Der Schlossgarten im englischen Landschaftsstil ist aber jederzeit frei zugänglich.

Durch das Naturschutzgebiet Ichterloh Es geht zurück zur Radroute. Die Strecke führt vorbei an einer dicken, alten Linde und dem Golfplatz geradeaus weiter und durch den Wald nach Capelle. Am Ende des Radweges halten Sie sich links und radeln gleich rechts durch die Bahnhofstraße in das Dorf Capelle hinein. Ungefähr auf Höhe der Bushaltestelle biegen Sie rechts in die Ichterloher Straße Richtung Ascheberg ein. Die Strecke führt mit leichter Steigung hoch zum Naturschutzgebiet Ichterloh. Diese bewaldete Hügellandschaft ist für den Autoverkehr gesperrt, Radfahrer haben aber freie Fahrt. Im späten Frühling sehen Sie im Wald manchmal blühenden Bärlauch. Der Radweg führt Sie quer durch das stille Naturgebiet zur Bauerschaft Lütke mit Feldern und Bauernhöfen. Ascheberg ist das nächste Ziel an der Route und bereits am Horizont sichtbar.

Zurück zum Ausgangspunkt In der Lütke-Bauerschaft überqueren Sie die Durchgangsstraße und radeln geradeaus über die Herberner Straße nach Ascheberg hinein. Ein kurzer Abstecher zum historischen Ortskern beim Kirchplatz lohnt sich. Die Radroute geht am Ende der Herberner Straße rechts weiter durch die Dieningstraße und wiederum rechts durch die Steinfurter Straße. Sie radeln beim Kreisverkehr geradeaus und über die Autobahn A1 Richtung Drensteinfurt. Die Radtafeln leiten Sie rechts–links auf eine Nebenstraße. Sie stoßen dann auf die Bundesstraße, der Sie rechts auf dem separaten Radweg kurz folgen und die Sie bald wieder nach links verlassen. Durch die Bauerschaft Rieth und den Radtafeln folgend, gelangen Sie schließlich wieder zurück zum Bahnhof in Drensteinfurt. Zum Abschluss wartet unweit des Bahnhofs das historische Ortszentrum.

Fachwerkhaus in Ascheberg

Cafe am
Crêperie

Tecklenburger und Steinfurter Land

Terrassencafés im Zentrum von Osnabrück (o. li.). Fachwerk vom Feinsten in Lienen (o. re.). Kneippbrunnen bei der Saline Gottesgabe in Rheine (u. re.). Kirschblütenweg in Hagen am Teutoburger Wald (u. li.).

9 Dörenther Klippen

Tecklenburg – Brochterbeck – Dörenther Klippen – Dörenthe

mittel | 33 km | 187 Hm | 3.00 Std.

Highlight: Naturparadies

Ausgangs- und Endpunkt
Alter Bahnhof in Tecklenburg, Bahnhofstraße 40

GPS
52.216179, 7.801590

Anfahrt
Auto: Tecklenburg liegt nahe der Autobahn A1, Ausfahrt Lengerich.
Bahn: Regionalbahn ab Münster (IC, ICE) bis Lengerich, danach mit Bus oder Taxi nach Tecklenburg (circa 8 km).

Tourencharakter
Rundtour auf asphaltierten Radwegen und Nebenstraßen sowie auf ungeteerten Forstwegen

Kombinierbar mit
Route 10, 11 und 12

E-Bike-Ladestation
Tecklenburg: Markt 7, bei der Touristeninformation

Radverleih
Tecklenburg: Tecklenburger Land Tourismus, Markt 7; Zweirad Herzberg, Zu den Klippen 8; AS Autohandel, Ledder Dorfstraße 29 (etwas außerhalb des Zentrums)

Radkarten
Radwanderkarte Kreis Steinfurt, 1:50 000, BVA Verlag, Bike Media

Information
www.tecklenburg.de

Ausgangspunkt dieser Radroute ist das malerische Städtchen Tecklenburg. Von hier aus entdecken Sie das Tecklenburger Land mit einigen besonders schönen Landschaften und Plätzen. Hauptziel ist das Naturschutzgebiet Dörenther Klippen im Teutoburger Wald. Bei diesen märchenhaften Felsformationen empfiehlt es sich, das Rad kurz abzustellen, um nach einem kleinen Spaziergang die Ausblicke zu genießen – einfach herrlich.

Auf ruhigen Nebenstraßen nach Brochterbeck Sie starten am Alten Bahnhof in Tecklenburg und folgen der Bahnhofstraße rechts bis zum Kreisverkehr. Hier radeln Sie geradeaus weiter und biegen gleich rechts ab in eine Allee. Beim Bauernhof mit Radrastplatz nehmen Sie rechts den Weg Am Steinhügelgrab. Sie folgen ab jetzt den Radschildern und radeln mit dem Teutoburger Wald im Blick über ruhige Nebenstraßen nach Brochterbeck. Schöne Fachwerkbauernhöfe, Felder und Wiesen säumen die Strecke.

In Brochterbeck radeln Sie links am Ortsrand entlang und folgen den Radschildern zur Dorfstraße. Sie orientieren sich am Kirchturm und biegen in der Ortsmitte links in die Straße Am Mühlenteich ein. Dann passieren Sie die historische Mühle mit Wasserrad und den alten Mühlenteich, gesäumt von einigen Fachwerkhäusern. Sie folgen nun den Radwegweisern Richtung Saerbeck-Riesenbeck, fahren an der Kirche entlang, überqueren die Gleise und radeln hoch zum Teutoburger Wald. Zwischen den Häusern hindurch haben Sie schöne Ausblicke auf die von Feldern geprägte Landschaft. Auf dem Forstweg verlassen Sie Brochterbeck.

Zu den Dörenther Klippen Aus der Ferne erblicken Sie bereits die bizarren Felsformationen zwischen den Bäumen. Der Radweg steigt allmählich an Richtung Dörenther Klippen. Sie radeln schließlich links auf einem Forstweg durch den Wald und

Eine Besonderheit in der Landschaft: die Dörenther Klippen

Münsterland-Erfahrung

Die Dörenther Klippen erstrecken sich westlich von Tecklenburg und sind mit vier Kilometern Länge die größten Sandsteinformationen im Teutoburger Wald. Die Felsen sind vor circa 140 Millionen Jahren als Sandbänke und Ablagerungen eines urzeitlichen Meeres entstanden. Die bizarren Felsformationen haben die Fantasie der Menschen schon immer beflügelt und tragen Namen wie »Kaiserstuhl« oder »Dunkle Wand«. Das »Hockende Weib« ist die wohl bekannteste Gesteinsformation in dieser Gegend und direkt vom südlich davon verlaufenden Radweg sichtbar. Nach einer Legende reichte das Meer einst bis zum Hügelrücken. Bei einer besonders hohen Flutwelle flüchtete eine Mutter mit ihren Kindern auf den Schultern zu den erhöht liegenden Felsen. Als das Wasser sich wieder zurückgezogen hatte, waren die Kinder gerettet, die Mutter war allerdings zu Stein geworden.

Vom Forstweg bzw. vom Parkplatz beim Campingplatz sind es etwa 500 Meter bis zum kurzen, aber steilen Anstieg zum Felsen »Hockendes Weib«. Mit einer leichten Klettertour können Sie den circa 40 Meter hohen Felsen besteigen. Von oben bietet sich ein atemberaubender Panoramablick über die Parklandschaft des Münsterlandes.

gelangen dann zu einem Campingplatz. Hier können Sie beim Restaurant das Rad abstellen und zu Fuß zu den Klippen wandern.

Nach der kurzen Wanderung radeln Sie geradeaus weiter, vorbei an einer Waldkapelle Richtung Bundesstraße. Sie folgen dem Radweg nach links und überqueren beim Parkplatz die stark befahrene Bundesstraße mit Vorsicht. An der gegenüberliegenden Seite folgen Sie der Route links auf dem separaten Radweg Richtung dem Ort Dörenthe. Nun können Sie das Rad hinunterrollen lassen bis zum Mühlenbach am Ortsrand und dem Bächlein rechts auf dem Löchtweg folgen. Diese Nebenstraße führt Sie direkt zum Botanischen Garten.

Stopp beim Botanischen Garten Der Botanische Garten Loismann mit seinen teils exotischen Bäumen und Sträuchern ist eine Oase der Ruhe und frei zugänglich. Ein Infotafel am Eingang vermittelt seine Geschichte und Besonderheiten.

Nach dem Stopp beim Botanischen Garten radeln Sie auf der Straße weiter und fahren dann rechts zum Dortmund-Ems-Kanal hinunter. Sie folgen dem Kanal links auf dem Radweg, bis Sie kurz vor dem Hafen in Dörenthe links abbiegen müssen. Die Radschilder führen Sie durch den Ort zur Bundesstraße zurück, der Sie rechts bis zur Ampel vor der Kanalbrücke folgen. Hier überqueren Sie die Bundesstraße. Die Route geht nun an der anderen Straßenseite durch die Straße An der Blankenburg weiter. Sie lassen allmählich die Häuser von Dörenthe hinter sich und ignorieren den Radwegweiser nach links. Stattdessen radeln Sie mehr oder weniger geradeaus und halten sich zweimal links in der Bauerschaft Horstmersch. Die Strecke verläuft etwa parallel zum Teutoburger Wald und stößt kurz vor Brochterbeck auf die Durchgangsstraße, der Sie rechts folgen. Nach circa 1 Kilometer halten Sie sich beim Denkmal in der Ortsmitte rechts und nehmen die bekannte Route zurück nach Tecklenburg.

Guten Appetit

Für eine Verschnaufpause empfiehlt sich das italienische Restaurant-Eiscafé Casa Nostra mit Gastgarten und netter Lage neben der Alten Mühle in Brochterbeck. Etwas weiter an der Route liegt der schwäbische Gasthof Dörenther Klippen. Das rustikale Restaurant bietet jede Menge Schnitzelvariationen an und liegt günstig nahe den Dörenther Klippen. Beim Gasthof kann das Rad abgestellt werden. Die Felsen sind nur ein paar Gehminuten entfernt. Einen Biergarten unterwegs findet man im Ort Dörenthe beim Restaurant Zur Blankenburg, direkt an der Radroute gelegen.

Tecklenburgs Altstadt ist klein, sehenswert und gemütlich.

Schöner Abschluss Sie radeln vor Tecklenburg aber nicht zurück zum Kreisverkehr, sondern geradeaus weiter auf der Brochterbecker Straße bis zum Gasthof Prigge. Hier biegen Sie links und nach der Brücke direkt rechts ab. Kurz danach folgen Sie links dem Lehmkuhlenweg, der Sie zum malerischen Königsteich am Fuße Tecklenburgs führt. Links über der Königstraße gelangen Sie am romantischen Wasserschloss Haus Marck vorbei zurück zum Alten Bahnhof.

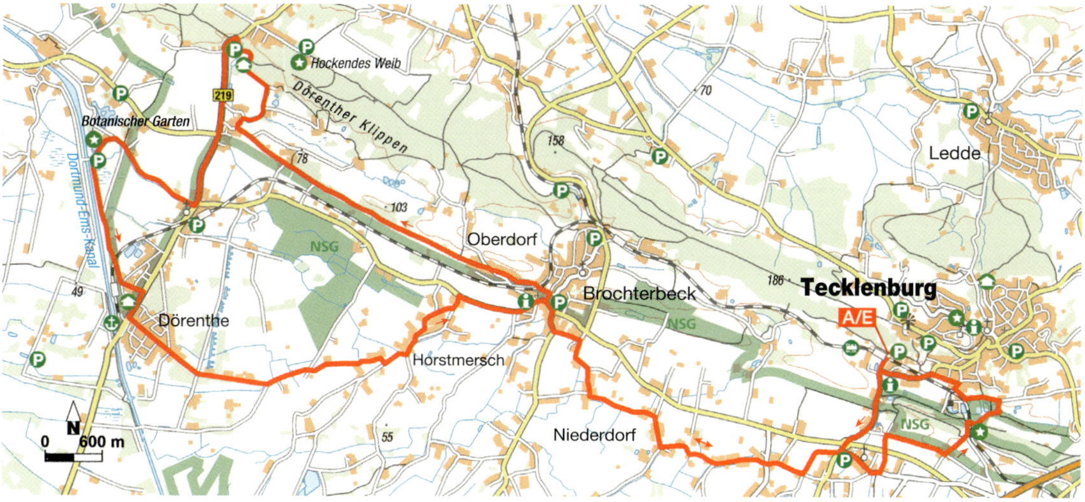

10 Nach Osnabrück

Tecklenburg – Hasbergen – Hellern – Osnabrück – Gaste – Leeden

schwer | 50 km | 394 Hm | 5.00 Std.

Highlight: Stadtspaziergang

Ausgangs- und Endpunkt
Parkplatz P1, Chalonnesplatz, Tecklenburg

GPS
52.221084, 7.815963

Anfahrt
Auto: Tecklenburg liegt nahe der A1, Ausfahrt Lengerich. Bahn: Regionalbahn ab Münster (IC, ICE) bis Lengerich, danach mit Bus oder Taxi nach Tecklenburg (circa 8 km).

Tourencharakter
Rundtour auf asphaltierten Radwegen und Nebenstraßen

Kombinierbar mit
Route 9, 11 und 12

E-Bike-Ladestation
Tecklenburg: Markt 7, bei der Touristeninformation; Lotte: Landgasthof am Goldbach, Gaster Landweg 6; Osnabrück: RWE, Goethering 23–29; Radstation Pedalos, Theodor-Heuss-Platz 2; Botanischer Garten, Albrechtstraße 29

Radverleih
Tecklenburg: Tecklenburger Land Tourismus, Markt 7; Zweirad Herzberg, Zu den Klippen 8; Osnabrück: Radstation Pedalos, Theodor-Heuss-Platz 2; Zweiradhaus Dependahl, Am Kirchenkamp 14

Radkarten
Radwanderkarte Kreis Steinfurt, 1:50 000, BVA Verlag, Bike Media

Information
www.tecklenburg.de; www.osnabrueck.de

Eine Route, die Sie vom Tecklenburger Land im Auf und Ab ins benachbarte Osnabrücker Land über die Grenze des Münsterlands hinausführt. Mehrere Steigungen erwarten Sie unterwegs in einer Landschaft aus Wald, Wiesen und Weiden. Aushängeschild der Route ist die Osnabrücker Altstadt mit diversen Sehenswürdigkeiten, für die genügend Zeit eingeplant werden sollte.

Über Brandenberg nach Loose Vom Parkplatz P1 in Tecklenburg fahren Sie zur Durchgangsstraße, die Pagenstraße. Auf Ihr geht es wenige Meter nach links bis zur Bushaltestelle am Ortsrand. Sie halten sich hier rechts und radeln gleich links über die Grafenstraße hoch zum Wald. Der schattige Waldweg führt mit ordentlicher Steigung geradeaus am Fernmeldeturm am Brandenberg entlang, danach können Sie das Rad vom Höhenrücken hinunterrollen lassen bis zur Leedener Straße.

Bekanntes Lokal: der Weinkrüger in der Marienstraße von Osnabrück

Linke Seite: Das Heger Tor ist der Zugang zur Osnabrücker Altstadt.

Sie ignorieren das Radschild, denn es schickt Sie zickzack auf einen sehr schmalen Sandweg durch den Habichtswald. Sie überqueren stattdessen die Leedener Straße geradeaus und radeln weiter auf einer ruhigen Nebenstraße unter der Autobahn hindurch nach Loose.

Weiter nach Hasbergen Im Dorf Loose folgen Sie dem Radwegweiser Hasbergen auf der ruhigen Hasbergener Straße. Sie halten sich rechts Auf dem Tellkamp und radeln parallel an der Hasbergener Straße zurück zur Nebenstraße. Auf ihr geht es rechts gemütlich durch eine landwirtschaftlich geprägte Landschaft nach Hasbergen, das bereits im Osnabrücker Land liegt. Am Ortsrand fängt eine separate Radspur an. Sie radeln am Bahnhof vorbei und biegen an der Gabelung in der Ortsmitte schräg links in die Niedersachsenstraße ein, den Wegweisern Hellern-Osnabrück folgend. Sie überqueren den Wilkenbach und lassen Hasbergen nun hinter sich.

Gehöft am Radweg von Tecklenburg nach Osnabrück

Zur Osnabrücker Altstadt Sie radeln über den Hasberger Weg bis zur T-Kreuzung. Hier geht die Radroute links weiter auf dem Heller Esch und über den alten Eselspatt, auf dem jahrhundertelang Güter und Waren zwischen Tecklenburg und Osnabrück transportiert wurden. Heute ist der Patt sehr beliebt bei Radfahrern und Wanderern aus der Region.

Im Osnabrücker Vorort Hellern biegen Sie beim Eiscafé Samanda links auf die Große Schulstraße ein. Sie radeln beim Kreisverkehr geradeaus, danach über die A30 und biegen die zweite Straße rechts ein. Die Route führt Sie jetzt über den Lotter Kirchweg durch den Wald, vorbei am Friedhof, nach dem Sie sich rechts halten und anschließend auf die stark befahrene Rheiner Landstraße stoßen. Sie folgen ihr links und biegen gleich rechts in die Ernst-Sievers-Straße ein, die später in die Katharinenstraße übergeht. Nach etwa drei Kilometern erreichen Sie die Osnabrücker Innenstadt.

Osnabrück mit dem Rad Sie stoßen in der historischen Altstadt zuerst auf die Kirche Sankt Katharinen, eine gotische Hallenkirche mit einem über 100 Meter hohen Turm, der damit das höchste mittelalterliche Bauwerk der Region ist. An der Kirche radeln Sie rechts vorbei und biegen dann rechts in die Gasse Am Ledenhof ein, die Sie direkt zum schmucken Ledenhof führt, einst mittelalterliches Stadtpalais der Ledener Adelsfamilie, heute das Haus der Deutschen Friedensstiftung. Unterwegs zum Ledenhof haben Sie freie Sicht auf das fürstbischöfliche Schloss, das größte Barockschloss Niedersachsens, mit gepflegtem Schlossgarten und kleinem Museum, das eine Ausstellung über die dunkle Seite des Bauwerks zeigt, als die Gestapo das Schloss für ihre Zwecke nutzte. Heute ist das Schloss Sitz der Universität.

Beim Ledenhof geht es links in die Altstadt hinein, wobei Sie den Tafeln zum Dom Sankt Peter folgen. Der wuchtige Dom ist ein Meisterwerk der spätromanischen Baukunst, für den Sie sich einige Zeit nehmen sollten. Ein Kurzführer liegt im Dom auf und bringt Sie zu allen Kunstschätzen, Seitenaltären, Kapellen und in den Kreuzgang des Doms.

Mit dem Dom im Rücken geht es geradeaus weiter zum Marktplatz und zur gotischen Kirche Sankt Marien sowie zum Rathaus, das 1512 fertiggestellt wurde. Highlight des Rathauses ist der Friedenssaal, Schauplatz des Westfälischen Friedenskongresses. Im Saal hängen die Porträts von europäischen Gesandten und einigen Herrschern der damaligen Zeit. Neben dem

Münsterland-Erfahrung

Schon von außen ist das Felix-Nussbaum-Museum in Osnabrück in der Lotter Straße 2, schräg gegenüber dem Heger Tor, ein echter Hingucker. Der amerikanische Stararchitekt Daniel Libeskind hat dieses architektonische Juwel 1998 entworfen. Die Dauerausstellung mit den Werken des 1904 in Osnabrück geborenen und 1944 in Auschwitz ermordeten Künstlers Felix Nussbaum ist beeindruckend und schockierend zugleich und ein Zeitdokument mit ausdrucksstarken Bildern des Malers. Denn kaum ein anderer Künstler seiner Zeit hat die eigenen Erlebnisse, Momente und Erfahrungen als Jude im nationalsozialistischen Deutschland so in Bildern verewigt wie er. Nussbaum hat den Holocaust auf seine Art dokumentiert. Sein Schaffen wurde zum Widerstand gegen die nationalsozialistischen Herrscher und gab ihm Kraft, die menschliche Würde während der Nazidiktatur lange Zeit zu erhalten. Mit den Worten »Wenn ich untergehe, lasst meine Bilder nicht sterben« gab er der Nachwelt einen Auftrag, dem das Museum mit der Präsentation dieser einzigartigen Werke seit über zwei Jahrzehnten nachkommt.

Rathaus steht die Stadtwaage von 1532, die heute als Standesamt fungiert. Links am Rathaus vorbei geht es durch die Heger Straße vorbei an schönen Fachwerkhäusern zum Heger Tor (1817) und dann links wieder zur Katharinenstraße.

Zurück nach Tecklenburg Sie verlassen Osnabrück auf dem gleichen Weg, den Sie gekommen sind, durch die Katharinenstraße, die Ernst-Sievers-Straße, Trotzenburg und auf dem Lotter Kirchweg. Hier radeln Sie wieder links Richtung Hellern, aber biegen dann vor der Autobahnbrücke rechts ab auf den Land- und Forstweg Richtung Lotte. Am Ende des Weges beim Gasthaus schräg links halten, weiter durch die Sunderstraße und über die A30. Danach führt die Route rechts zum Dorf Gaste, wo Sie etwa in der Ortsmitte dem Wegweiser links nach Hasbergen folgen. Ab Hasbergen radeln Sie auf dem gleichen Weg über die Tecklenburger Straße und die Hasbergener Straße zurück nach Loose. Ab der Kreuzung in Loose folgen Sie dann einer anderen Route zurück. Sie halten sich links Richtung Leeden auf der Lotter Straße, die Sie kurz darauf wieder nach links verlassen. Über den Heuweg radeln Sie nun nach Leeden hinein, wo Sie Radschilder links-rechts durch den Ort leiten.

Unterwegs passieren Sie am Dorfteich eine Kneippanlage mit Wassertretbecken und das ehemalige, gut erhaltene Damenstift Leeden aus dem 13. Jahrhundert. Der Radweg geht an der Rückseite des Damenstiftes weiter und über den Exterheider Damm zurück nach Tecklenburg. Eine letzte, aber ordentliche Steigung wartet noch zum Schluss zur Tecklenburger Altstadt und zum Parkplatz.

Stimmungsvoll am Abend: der Marktplatz von Osnabrück

Tecklenburger Altstadt Der Aufstieg mit dem Rad ist ziemlich anstrengend, aber die Tecklenburger Altstadt ist jede Schweißperle wert. Ein guter Ausgangspunkt für einen Rundgang ist der historische Marktplatz aus dem 16. Jahrhundert mit einer uralten Linde und hübschen Fachwerkhäusern. Die Touristeninformation am Platz hält einen Plan für einen Stadtspaziergang parat, der Sie unter anderem zu den interessantesten Bauwerken bringt wie das Torhaus Legge von 1577, die mittelalterliche Schlossbastion, die Burgruine mit wehrhaftem Turm, die Freilichtbühne und die Fachwerkhäuser Krummacherhaus und Schiefes Haus. Wieder zurück am Marktplatz warten hier gemütliche Terrassencafés, die zu einer Verschnaufpause einladen.

Guten Appetit

Das Eiscafé Samanda befindet sich direkt am Radweg, am Ende des alten Eselpatts in Hellern, einem Osnabrücker Vorort. Das Eiscafé ist bei Radfahrern und Wanderern sehr beliebt zum Einkehren. Einen freien Tisch im Gastgarten zu finden, ist daher nicht immer leicht, vor allem an Wochenenden ist der Andrang groß. Und an der Theke bildet sich dann auch manchmal eine lange Schlange. Aber das hausgemachte italienische Eis ist sehr geschmackvoll und lohnt die Wartezeit. Da kann man nicht einfach vorbeiradeln.

11

Teutoburger Wald

Tecklenburg – Leeden – Hagen – Bad Iburg – Lienen – Lengerich

schwer 47 km 354 Hm 5.00 Std.

Highlight: Sehenswürdigkeit

Ausgangs- und Endpunkt
Alter Bahnhof in Tecklenburg, Bahnhofstraße 40

GPS
52.216179, 7.801590

Anfahrt
Auto: Tecklenburg liegt nahe der A1, Ausfahrt Lengerich. Bahn: Regionalbahn ab Münster (IC, ICE) bis Lengerich, danach mit Bus nach Tecklenburg.

Tourencharakter
Rundtour auf asphaltierten Radwegen und Nebenstraßen

Kombinierbar mit
Route 9, 10 und 12

E-Bike-Ladestation
Tecklenburg: Markt 7, bei der Touristeninformation; Leeden: Ladesäule, Stift 21; Bad Iburg: Rathaus, Am Gografenhof 4; Lienen: Haus des Gastes, Diekesdamm 1; Lengerich: Rathausplatz 1

Radverleih
Tecklenburg: Tecklenburger Land Tourismus, Markt 7; Zweirad Herzberg, Zu den Klippen 8; Bad Iburg: Touristeninformation, Am Gografenhof 3; Lengerich: Velo Garten, Tecklenburger Straße 15

Radkarten
Radwanderkarte Kreis Steinfurt, 1:50 000, BVA Verlag, Bike Media

Information
www.tecklenburg.de; www.hagen-atw.de; www.badiburg.de; www.lengerich.de

Sanfte Hügel und enorme Höhenunterschiede im Teutoburger Wald fordern auf dieser landschaftlich schönen Runde die Radfahrer heraus. Zu einem Stopp laden viele Ortskerne ein, wie Hagen oder Bad Iburg. Unterwegs kann man oft bei Wassertretbecken auch mal die Schuhe und Socken ausziehen, ein paar Runden im kalten Wasser machen und so eine Mini-Kneippkur erfahren.

Richtung Leeden Vom Parkplatz beim Alten Bahnhof in Tecklenburg folgen Sie links der Bahnhofstraße und radeln nach dem Restaurant Fabula rechts Richtung Haus Marck auf dem Marcker Esch. Die Tour führt dann auf der Königstraße am Wasserschloss Marck mit malerischen Teichen vorbei. Kurz nach dem Campingplatz und einem alten Fachwerkbauernhaus verlassen Sie Tecklenburg geradeaus auf dem Exterheider Damm. Sie folgen dieser ruhigen, leicht ansteigenden Nebenstraße unter der Autobahn hindurch nach Leeden. Die Strecke führt in leichtem Auf und Ab über die Ausläufer des Teutoburger Waldes und bietet schöne Fernblicke.

Abkühlung für die Füsse gibt es im Kneipp-Tretbecken von Bad Iburg.

In Leeden den Radschildern folgend, kommen Sie über einen schmalen Radweg zur Rückseite des ehemaligen Damenstiftes Leeden. Es datiert aus dem 13 Jahrhundert und sowohl die Stiftskirche als auch das Stiftshaus sind gut erhalten geblieben. Hier treffen Sie am Dorfteich auch auf die erste, frei zugängliche Kneippanlage dieser Radroute, die rechts Richtung Natrup-Hagen auf dem separaten Radweg weitergeht.

Nach Hagen am Teutoburger Wald In Natrup-Hagen biegen Sie bei der modernen Kirche links In den Fleeten ein. Sie über-

Mächtig thront die Burg Iburg über dem Kurort.

Münsterland-Erfahrung

Hoch über dem Zentrum von Bad Iburg thronen Schloss und Kloster Iburg, eine der historisch interessantesten Doppelanlagen im Osnabrücker Land. Ursprung der Anlage war eine Fliehburg, die um 1070 an einer Passstraße durch den Teutoburger Wald errichtet wurde und vom 11. bis zum 17. Jahrhundert als Residenz des Bistums Osnabrück fungierte. Etwa 10 Jahre nach der Entstehung der Fliehburg wurde von Benediktinermönchen aus Mainz das Kloster gegründet. Nach mehreren Belagerungen wurden Schloss und Kloster im Dreißigjährigen Krieg schwer beschädigt und mehrmals geplündert. Mitte des 17. Jahrhunderts, nach kurzer schwedischer Besetzung, kam die Anlage in die Hände von Bischof Von Wartenberg, der große Teile der Doppelanlage von Grund auf erneuern ließ. In dieser Periode wurde auch der Rittersaal neu gestaltet, unter anderem mit einer Deckenmalerei, die zu den kunsthistorischen Höhepunkten des Baus zählt. Die Nachfolger des Bischofs rundeten die Anlage mit Aus- und Umbauten ab, unter anderem mit einer Schlosskirche und einem Klosterneubau. Die Anlage kann mit einer circa einstündigen Führung, die von der Touristeninformation Bad Iburg veranstaltet wird, besichtigt werden.

queren einen Bach und nehmen kurz danach rechts den Lotter Weg. Jetzt folgt eine schöne Strecke nach Hagen am Teutoburger Wald. Sie stoßen im Ort auf ein hübsches Fachwerkhaus, wo Sie links zur Kirche radeln. Die spätgotische Kirche mit ihrem mächtigen Turm ist das älteste Gebäude und Wahrzeichen Hagens. Ein Abstecher lohnt sich noch zur alten Dorfstraße hinter der Kirche. Die Radroute geht beim Kreisverkehr vor der Kirche rechts weiter Richtung Bad Iburg. Bald führt das Radschild Sie rechts in die Bergstraße und allmählich aus Hagen hinaus.

Im Auf und Ab nach Bad Iburg Sie passieren das Restaurant Zum Forellental und die Forellenzucht Kasselmann, wonach Sie links hochradeln Richtung Erikasee und immer geradeaus weiterfahren bis zur Kreuzung. Hier biegen Sie links ab auf die Straße Am Heidhorn. Am deren Ende biegen Sie rechts auf den Amtsweg nach Bad Iburg ein. Die Strecke von Hagen nach Bad Iburg ist eine landschaftlich sehr reizvolle, aber kräfteraubende Strecke. Die Anstrengung wird mit schönen Aussichten und Bad Iburg entlohnt, ein traditionsreicher Kurort mit Charme, Geschichte und vielen Sehenswürdigkeiten. Nicht zu übersehen sind Schloss und Kloster Iburg, an deren Fuß der frei zugängliche Kneipp-Erlebnispark zum Entspannen einlädt.

Am Fuße des Teutoburger Waldes zurück Ab Bad Iburg geht es ohne Steigungen am Fuße des Teutoburger Waldes zurück nach Tecklenburg. Sie verlassen Bad Iburg beim Kreisverkehr auf dem Charlottenburger Ring nach Süden, radeln dann rechts auf der Münsterstraße weiter, die Sie bei der Ampel wieder nach rechts verlassen. Den Wegweisern folgend, gelangen Sie zum

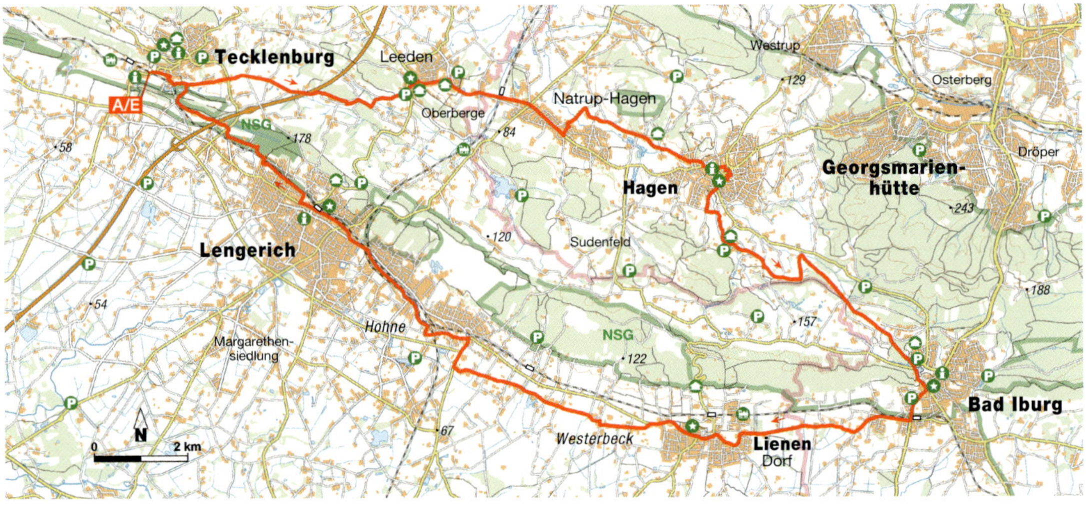

nächsten Ziel: Lienen. Die Radschilder leiten Sie quer durch den alten Dorfkern um die Kirche und das Haus des Gastes. Hier gegenüber liegt der Barfußpark mit wiederum einem Wassertretbecken zur Abkühlung. Von Lienen sind es noch etwa elf Kilometer bis nach Lengerich. Orientieren Sie sich an den Wegweisern Lengerich-Stadt. Im Ort folgen Sie dann den Radschildern Lengerich-Zentrum. Hier verläuft der Radweg über den Rathausplatz mit einigen schönen Fachwerkhäusern und unter dem Römer hindurch, Torhaus und Wahrzeichen der Stadt. Nach dem Römer folgen Sie kurz einer Einkaufsstraße, wonach die Radschilder Ihnen rechts den Weg zurück nach Tecklenburg weisen.

Eingebettet in eine Mulde im Teutoburger Wald: Hagen

Guten Appetit

In der empfehlenswerten Stiftsschänke mit überdachter Gartenterrasse in Leeden speisen Sie mit Blick auf das alte Damenstift. Aber vielleicht ist es noch etwas früh zum Einkehren und Sie heben sich den Hunger für später auf, im Restaurant Zum Forellental am Ortsrand von Hagen am Teutoburger Wald? Hier lassen sich Forellen aus eigener Zucht gut schmecken. Neben Forellenvariationen bietet die Speisekarte aber auch Fleischklassiker wie Rinderrouladen oder Schweinemedaillons.

12

Ein bisschen Frieden

Tecklenburg – Ladbergen – Lengerich

leicht | 36 km | 80 Hm | 3.00 Std.

Highlight: Sehenswürdigkeit

Ausgangs- und Endpunkt
Alter Bahnhof in Tecklenburg, Bahnhofstraße 40

GPS
52.216179, 7.801590

Anfahrt
Auto: Tecklenburg liegt nahe der A1, Ausfahrt Lengerich
Bahn: Regionalbahn ab Münster (IC, ICE) bis Lengerich, danach mit Bus oder Taxi nach Tecklenburg (circa 8 km).

Tourencharakter
Rundtour auf asphaltierten Rad- und Wirtschaftswegen

Kombinierbar mit
Route 9, 10 und 11

E-Bike-Ladestation
Tecklenburg: Markt 7, bei der Touristeninformation; Ladbergen: An der Touristeninformation, Alte Schulgasse 1; Lilli's Restaurant und Café, Mühlenstraße 2; Lengerich: Rathausplatz 1; Hotel Zur Mühle, Tecklenburger Straße 29

Radverleih
Tecklenburg: Tecklenburger Land Tourismus, Markt 7; Zweirad Herzberg, Zu den Klippen 8; Ladbergen: J. Schröerlücke, Telgter Damm 32; Lengerich: Firma Schröer, Zur Sandgrube 21

Radkarten
Radwanderkarte Kreis Steinfurt, 1:50000, BVA Verlag

Information
www.tecklenburg.de; www.ladbergen.de; www.lengerich.de

Diese Radroute ist eine Thementour, die spannende Geschichten über das Ende des Dreißigjährigen Krieges erzählt. Ruhige Wege führen entlang der geschichtsträchtigen Orte Tecklenburg, Ladbergen und Lengerich mit Schauplätzen der Friedensverhandlungen und durch die abwechslungsreiche Landschaft des Tecklenburger Landes.

Nach Ladbergen Die erste Etappe verläuft durch eine sanfte Landschaft aus Feldern, Wäldern und Seen. Startpunkt ist der Alte Bahnhof in Tecklenburg. Ab hier folgen Sie rechts der Bahnhofstraße bis zum Kreisverkehr. Sie radeln geradeaus weiter und biegen gleich links in die Brochterbecker Straße ein. Nach einem Gasthof nehmen Sie rechts den Weg Am Steinernen Kreuz und überqueren die A1. Nach der Brücke folgen Sie dem Radweg rechts nach Ladbergen. Unterwegs dorthin passieren Sie den Sonnenhügelsee, den Aldruper Mühlenbach und den Buddenkuhlesee.

Schauplatz Ladbergen In Ladbergen folgen Sie den Radschildern durch ein Wohnviertel bis zum Kreisverkehr. Sie radeln dann auf der Mühlenstraße weiter Richtung Hotel Zur Post, biegen aber zunächst rechts zur malerischen Wassermühle ab. Die Mühle besteht aus zwei Teilen, wobei der kleinere Teil, auch als »Lütke« bezeichnet, bereits 1748 erbaut wurde, während die größere Mühle 1890 an Stelle einer alten Wassermühle neu errichtet wurde. Die neue Mühle wurde bis etwa Mitte des 19. Jahrhunderts benutzt und beherbergt heute eine Gaststätte.

Der Betrieb der alten Mühle wurde schon ein halbes Jahrhundert vorher eingestellt.

Fachwerkensemble im Zentrum von Ladbergen

Linke Seite: Szene der Friedensverhandlungen auf Fliesen in Ladbergen

Von der Wassermühle ist es über die Alte Mühlenbachbrücke nicht weit bis zur Kirche. An der Dorfstraße bei der Kirche stehen einige sehenswerte alte Fachwerkhäuser. Ihr weiß-schwarzer Baustil ist typisch für Ladbergen. Die schönsten Beispiele dieser traditionellen Architektur sind die Alte Schule und das Gasthaus Zur Post, Schauplatz der Friedensvorverhandlungen (siehe Münsterland-Erfahrung).

Guten Appetit

Sie möchten regionale Spezialitäten probieren? Dann sind Sie im familiengeführten Gut Erpenbeck an der richtigen Adresse. Im Hofladen erhalten Sie an der Schinkentheke den hausgemachten Westfälischen Knochenschinken, luftgetrocknet oder aus der eigenen Räucherei. Es werden im Laden auch andere regionale Produkte angeboten und in der Saison frischer Spargel und Erdbeeren aus eigenem Anbau verkauft. Das Gut Erpenbeck liegt an der Radroute zwischen Ladbergen und Lengerich. Der alte Fachwerkhof ist nicht zu verfehlen.

Richtung Lengerich Nach der Besichtigung des Dorfkerns verlassen Sie Ladbergen beim Gasthof Zur Post auf der Dorfstraße Richtung Osten. Sie radeln beim Kreisverkehr geradeaus weiter und biegen sofort links auf den

Schulenburger Weg ein. Ab nun folgen Sie den Radwegweisern Richtung Kattenvenne, durch schattige Alleen und vorbei an Feldern bis zur T-Kreuzung. Hier nehmen Sie links die Nebenstraße, die an der alten Getreidemühle Erpenbeck entlangläuft. Die restaurierte Mühle ist ein Denkmal und lohnt einen kurzen Stopp, wie auch der benachbarte Hofladen im Gut Erpenbeck. Danach halten Sie sich rechts und stoßen am Ende auf eine Landstraße, wo die Route links auf dem Radweg weiter Richtung Lengerich verläuft. Bei der Gabelung nehmen Sie links den Vortlager Damm. Sehenswert sind fast am Ende der Straße ein denkmalgeschütztes Fachwerkhaus aus dem 18. Jahrhundert und gegenüber das Haus Vortlage, ein schönes altes Gut mit gepflegter Parkanlage und Wassergraben. Hier führt der Radweg rechts weiter und Sie unterqueren den Südring. Beim Kreisverkehr links halten und gleich rechts abbiegen auf die Münsterstraße, die geradeaus ins Zentrum von Lengerich führt.

Mehr historische Schauplätze Auch Lengerich war Schauplatz der Vorverhandlungen. Das damals genutzte Haus stand am heutigen Rathausplatz. Sie radeln beim Brunnen links über diesen historischen Platz und unter dem Römer, einem schönen,

Schattiger Radweg zwischen Ladbergen und Tecklenburg

Am Ufer des Sees Buddenkuhle

alten Torhaus, hindurch. Sie halten sich jetzt an die Wegweiser Ladbergen schräg links. Den Radschildern folgend, überqueren Sie auf dem Sonnenhügeldamm den Südring und radeln wieder am Sonnenhügelsee entlang zurück Richtung Tecklenburg. Vor dem Gasthof Prigge biegen Sie rechts ab, wonach Sie noch eine wunderschöne Strecke erwartet, entlang des Königsteiches und des Hauses Marck. In diesem romantischen Wasserschloss fanden ebenfalls Vorverhandlungen zum Westfälischen Frieden statt. Nach dem Haus Marck biegen Sie zweimal links ab und Sie sind wieder zurück am Alten Bahnhof in Tecklenburg.

Münsterland-Erfahrung

Etwa auf halbem Weg zwischen Münster und Osnabrück liegt Ladbergen, das vor rund 380 Jahren im Mittelpunkt der Politik stand. Zwischen 1643 und 1648 pendelten auf der Reichspostlinie die sogenannten Friedensreiter. Sie brachten Nachrichten zwischen den Parteien der Friedensverhandlungen nach Ladbergen, wo die Unterhändler im Gasthof Zur Post einen neutralen Ort für die ersten Vorverhandlungen gefunden hatten. Die Reiter bilden auch das Logo der Friedensradroute Münster-Osnabrück. Die fünf Jahre dauernden Verhandlungen endeten in der Unterzeichnung des Westfälischen Friedens und brachten damit auch das Ende des Dreißigjährigen Krieges. Heute ist die circa 175 Kilometer lange Friedensroute eine der beliebtesten Radrouten im Münsterland und Osnabrücker Land. Dieser Themenradweg ist sehr gut ausgebaut, bestens unterhalten, durchgehend asphaltiert und führt zu den Schauplätzen der spannenden Geschichte aus dem 17. Jahrhundert mit dem historischen Rathaus in Osnabrück als Höhepunkt, an dem schließlich der Friedensvertrag unterzeichnet wurde.

13

Durchs Steinfurter Land

Burgsteinfurt – Bagno-Park – Dumte – Horstmar

leicht | 30 km | 100 Hm | 2.30 Std.

Highlight: Naturparadies

Ausgangs- und Endpunkt
Bahnhof in Steinfurt-Burgsteinfurt, Bahnhofsplatz

GPS
52.147645, 7.329701

Anfahrt
Auto: Steinfurt liegt 20 Kilometer östlich der A31, direkt an der B54.
Bahn: Regionalbahnen in die umliegenden Orte und nach Münster (IC, ICE).

Tourencharakter
Rundtour auf asphaltierten Rad- und Waldwegen, Neben- und Wirtschaftsstraßen

Kombinierbar mit
Route 14 und 15

E-Bike-Ladestation
Steinfurt: Kreishaus Steinfurt, Tecklenburger Straße 10; DNL, Bahnhofstraße 35b; Café am Markt, Markt 11; Elektro Elfers, Steinstraße 29; Café Schwan, Steinstraße 7; Zur Lindenwirtin, Ochtruper Straße 38

Radverleih
Steinfurt: Schnieder, Goldstraße 1; DNL, Bahnhofstraße 35b; Zweirad Kemper, Alte Lindenstraße 1, Borghorst; Horstmar: Fahrrad Blömer, Überwasserstraße 9

Radkarten
Radwanderkarte Kreis Steinfurt, 1:50 000, BVA Verlag, Bike Media

Information
www.steinfurt.de; www.horstmar.de

Diese Tour folgt einem Teil der 100-Schlösser-Route, die hier ihrem Namen alle Ehre macht. Gleich am Beginn wartet Schloss Steinfurt mit einem großartigen Park auf Sie. Haus Alst lädt unterwegs zu einem Abstecher ein und Horstmar ist für die grandiosen Burgmannshöfe bekannt. Auf der alten Bahntrasse, quer durch die weite Münsteraner Parklandschaft, geht es ab Horstmar gemütlich zurück nach Burgsteinfurt.

Quer durch Burgsteinfurt Vom Bahnhof folgen Sie den Radwegweisern Richtung Ortsmitte durch die Bahnhofstraße bis zur Ampel, an der Sie rechts die Steinstraße nehmen und so in den historischen Ortskern gelangen. Sie radeln am Ende der Steinstraße rechts über den schönen alten Markt und danach

Ehemaliges Wartehäuschen und heute Raststelle an der Bahntrasse Horstmar–Burgsteinfurt

durch die Burgstraße zum Schloss Steinfurt. Das Wasserschloss liegt malerisch auf einer kleinen Insel inmitten der Steinfurter Aa und gilt als älteste Burganlage Westfalens. Das Schloss ist Privatbesitz und deshalb nur von außen zu bewundern. Der ehemalige Schlosspark Bagno ist aber frei zugänglich, wirklich sehenswert und außerdem mit dem Rad gut zu erkunden. Vom Schloss radeln Sie auf der Burgstraße weiter und kurz danach rechts zum ehemaligen Schlosspark. Sie fahren geradeaus durch eine Allee am Golfplatz und an einem Café vorbei, wonach Sie direkt vor der Konzerthalle rechts dem Kreislerpfad am

Schlossmühle im Zentrum von Burgsteinfurt

Guten Appetit

Das Café Schwan befindet sich in einem denkmalgeschützten Fachwerkhaus in der Fußgängerzone von Burgsteinfurt. Im gemütlichen, traditionsreichen Lokal trifft sich ein gemischtes Publikum zum Frühstücken, für einen Kaffee mit Kuchen oder Waffeln zwischendurch oder zum Mittagstisch. Neben hausgemachten Suppen, kleinen Imbissen, vegetarischen Aufläufen und klassischen Schnitzeln gibt es ein täglich wechselndes Mittagsgericht. Die Gerichte sind frisch zubereitet, die Preise angemessen und das Ambiente ist einfach nett.

Münsterland-Erfahrung

Der rund 50 Hektar große Bagno-Park südöstlich des Steinfurter Wasserschlosses wurde vor mehr als 200 Jahren als Freizeitpark angelegt, der seither von seiner Anziehungskraft nichts verloren hat. Rasenflächen wechseln sich mit lichten Wäldern ab, dazwischen bestimmen Blumenbeete, Alleen, Wasserspiele, Teiche mit bewachsenen Ufern und ein großer See für Bootsfahrten das Bild des Parks. Eindrucksvolle Bauwerke wie der chinesische Salon, der ägyptische Turm, die türkische Moschee, die Konzertgalerie und die Hofkapelle runden den Landschaftspark ab. Der Bagno-Park war für damalige Verhältnisse ein einzigartiges Projekt und bis ins 19. Jahrhundert die größte und bedeutendste Parkanlage in Westfalen. Und noch heute verzaubert die Landschaftsarchitektur die Besucher. Durch die Anlage führt ein Rundweg entlang der interessantesten, teils längst vergangenen Stationen und Sehenswürdigkeiten. Höhepunkt ist die wunderschön renovierte Konzertgalerie, heute ein Ort für musikalische Veranstaltungen, über die unter anderem die Touristeninformation informiert.

Seeufer entlang folgen. Wenn Sie wieder festeren Boden unter den Rädern spüren, halten Sie sich links, dann stoßen Sie auf die Straße Blocktor. Hier ignorieren Sie den Wegweiser Horstmar nach rechts. Stattdessen radeln links weiter und biegen Sie kurz vor den Gleisen links auf den Nünningsweg ab.

Beliebtes Terrassencafé im Zentrum von Burgsteinfurt

Durchs Steinfurter Land nach Horstmar Bei Dumte macht die Radroute eine Linkskurve unter der Bundesstraße hindurch. Am Ortsrand von Dumte ist der Radwegweiser leicht zu übersehen. Er weist rechts zur Straße Tappenstiege. An Ihrem Ende verlassen Sie Dumte und überqueren eine Straße. Im Zickzack geht es nun nach Horstmar durch das Steinfurter Land, das von Waldstücken, Wiesen, Mais- und Roggenfeldern geprägt wird. Bevor Sie Horstmar erreichen, können Sie noch einen kurzen Abstecher zum Haus Alst machen, einem alten, privat bewohnten Burgmannshof, der sich zwischen Bäumen versteckt. Der wunderschön restaurierte Hof datiert aus dem 17. Jahrhundert und ist im bemerkenswerten Specklagenstil erbaut, ein besonders schöner Wechsel von gelblichem Sandstein und rotem Backstein. Den Radschildern folgend, gelangen Sie auf Waldwegen und Nebenstraßen nach Horstmar.

Horstmar und zurück Der kleine Ort Horstmar ist idyllisch und sehr sehenswert. Machen Sie eine kleine Runde mit dem Rad durch den quadratischen Ortskern und nehmen Sie sich etwas Zeit für die historischen Gebäude. Schilder weisen den Weg und Infotafeln vermitteln Wissenswertes zu den Bauwerken. Zuerst stoßen Sie mitten im Ort auf das schöne alte Rathaus und die gotische Hallenkirche Sankt Gertrudis. Die Burgmannshöfe wurden strategisch am Rande des Ortskerns erbaut, neben der Stadtmauer und den Gräben. Der Borchorster Hof mit seinen Treppengiebeln ist der älteste. Eine Besonderheit ist der Sendenhof, der eine Einheit mit dem Schlosstor bildet. Der Merveldter Hof und der Münsterhof schließlich haben wiederum einen anderen Baustil und eine andere Ausstrahlung.

Nach der Besichtigung von Horstmar verlassen Sie den Ort auf gleicher Strecke bis zur alten Bahntrasse, der Schlussetappe zurück nach Steinfurt. Radeln auf der Münsteraner Radbahn ist ein wahres Vergnügen. Der fast kerzengerade, geteerte Radweg bietet beidseitig des Weges schöne Ausblicke auf das Steinfurter Land. Und so gelangen Sie entspannt zurück zum Bahnhof in Burgsteinfurt – Zeit, um einzukehren im reizvollen Ortskern.

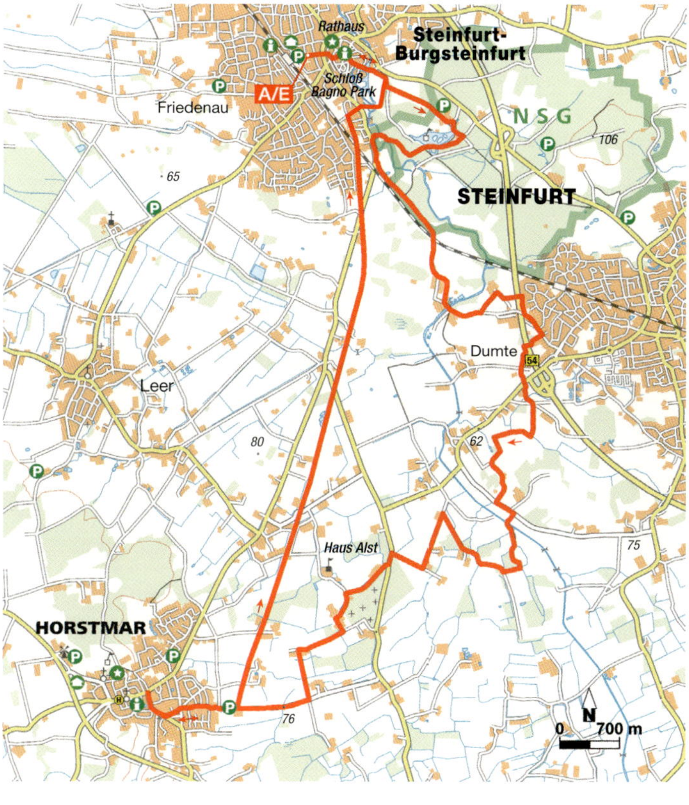

Einer der Burgmannshöfe in Horstmar: der Sendenhof

14

Auf alter Bahntrasse

Steinfurt – Hauenhorst – Rheine – Neuenkirchen

mittel | 52 km | 156 Hm | 4.30 Std.

Highlight: Sehenswürdigkeit

Ausgangs- und Endpunkt
Bahnhof Burgsteinfurt

GPS
52.147645, 7.329701

Anfahrt
Auto: Steinfurt liegt direkt an der B54.
Bahn: Regionalbahnen in umliegende Orte und nach Münster (IC, ICE).

Tourencharakter
Rundtour auf asphaltierten Radwegen mit ungeteerten Abschnitten entlang der Ems

Kombinierbar mit
Route 13 und 15

E-Bike-Ladestation
Steinfurt: Kreishaus Steinfurt, Tecklenburger Straße 10; DNL, Bahnhofstraße 35b; Café am Markt, Markt 11; Rheine: Ladestation Am Hauptbahnhof 6 und Salinenstraße 105; Restaurant Gottesgabe, Salinenstraße 101; Neuenkirchen: ehemaliges Seecafé, Am Offlumer See 1a

Radverleih
Steinfurt: Schnieder, Goldstraße 1; DNL, Bahnhofstraße 35b; Zweirad Kemper, Alte Lindenstraße 1; Rheine: Rheine Tourismus, Bahnhofstraße 14; Radstation Rheine, Am Hauptbahnhof 6

Radkarten
Radwanderkarte Kreis Steinfurt, 1:50 000, BVA Verlag

Information
www.steinfurt.de; www.rheine.de

Die jahrelang ungenutzte Bahntrasse zwischen Coesfeld und Rheine wurde in einen herrlichen Radweg umgewandelt. Sie folgen auf dieser Route dem letzten Abschnitt von Steinfurt nach Rheine. Von hier machen Sie einen kurzen Abstecher auf dem Emsradweg nach Bentlage. Der Rückweg durchs Steinfurter Land ist eine genussvolle Radstrecke mit kurzem Stopp am Offlumer See.

Radbahn Münsterland Mit dem Bahnhof Burgsteinfurt im Rücken folgen Sie links dem Radweg bis kurz vor dem alten Fabrikschornstein. Hier beginnt rechts die Radbahn Münsterland Richtung Rheine. An mancher Stelle ist hier noch ein bisschen Bahnflair spürbar, wie beim alten Bahnhof von Sankt Arnold. Hier sind noch Teile der Gleise erhalten sowie eine Handhebeldraisine. Nostalgie spürt man auch im nächsten Ort: Hauenhorst. Einige historische Gebäude wurden in der benachbarten

Bauerschaft abgetragen und in Hauenhorst am Dorfplatz als Freiluftmuseum wieder aufgebaut. Das älteste Gebäude ist das ehemalige Backhaus, aber das auffallendste ist der Fachwerkhof aus 1830 und heutiges Heimathaus. Das Fachwerkensemble mit dem Heimathaus liegt rechts der Bahntrasse.

Badestrand am Offlumer See bei Neunkirchen

Linke Seite: Informationstafel am Radweg beim Max-Clemens-Kanal

Nach Rheine Rheine ist mit rund 76 000 Einwohnern die zweitgrößte Stadt des Münsterlandes und einen Besuch wert. Die Radbahntrasse endet hier nach einem Gewerbegebiet. Sie rollen von der Bahntrasse hinunter, stoßen auf eine Straße, der Sie rechts unter dem Viadukt hindurch folgen, radeln an der Ampelkreuzung geradeaus weiter und halten sich an der ersten Straße links. Auf ihr gelangen Sie bald in die Altstadt.

Rheines Altstadt liegt wunderschön am linken Ufer der Ems. Bei einem Rundgang durch das Ortszentrum dürfen Sie das Alte Rathaus und den Marktplatz nicht verpassen. Der kleine gemütliche Platz wird von alten Bürgerhäusern mit bemerkens-

werten Giebeln gesäumt und liegt im Schatten der Kirche Sankt Dionysius, dem ältesten Gebäude der Stadt. Schauen Sie auch kurz in die Emsgalerie hinein, das moderne Einkaufszentrum in der Altstadt mit auffallender Deckenkunst.

Nach der Stadtbesichtigung geht es zum Emsufer. Sie folgen dem Fluss links auf dem Emsradweg Richtung Salzbergen. Sie passieren den Falkenhof, wo die Wurzeln der Stadt liegen. Heute ist in diesem ehemaligen Schloss ein Stadtmuseum untergebracht. Neben dem Falkenhof sind die alte Emsmühle und das historische Wehr in der Ems sichtbar. Weiter geht es durch einen Auenwald und unter den Gleisen hindurch, wonach Sie sich links halten. Das Ziel ist die Saline Gottesgabe mit dem Salinenpark.

Guten Appetit

In Rheine gibt es ein vielfältiges Angebot für jeden Geschmack: von deftiger Hausmannskost bis zu asiatischen Gerichten aus dem Wok, vom herzhaften Frühstück bis zum Kaffeetisch für jene, die es süß mögen. Ein Tipp ist die Emsgalerie in der Ortsmitte. In diesem Einkaufszentrum haben Sie die Wahl zwischen diversen Cafés und Restaurants mit kleinen Gerichten zu angemessenen Preisen, frischen Säften und leckeren Shakes sowie warmen Getränken. Und bei Schönwetter kann man auch draußen sitzen und den wunderschönen Blick auf die Ems genießen.

Freiluftmuseum mit Bauernhöfen in Hauenhorst

Links: Saline Gottesgabe im Salinenpark von Rheine

Saline Gottesgabe Drei Sehenswürdigkeiten verstecken sich im Landschaftsschutzgebiet Bentlage zwischen altem Baumbestand und Grünflächen: der Naturzoo, der Salinenpark und das Schloss Bentlage. Dem frei zugänglichen Salinenpark begegnen Sie zuerst auf der Route. Salz ist hier das Thema, das Sie in diesem wunderschönen Garten auf dem Gelände der ehemaligen Saline Gottesgabe erleben. Bis in die 1950er-Jahre produzierte die Saline Salz für den Kurbetrieb in Bentlage. Industrielle Gebäude wie das Salzsiedehaus sind erhalten und restauriert. Sie geben interessante Einblicke in die Salzgewinnung. Am Gradierwerk können Sie auch heute noch gesunde, salzhaltige Luft einatmen. Und nahe der Touristeninformation befindet sich ein kleiner Kneippbrunnen, in dem Sie die Arme erfrischen können.

Schloss Bentlage Nach dem kurzen Kuraufenthalt radeln Sie vom Salinenpark mit einem Rechtsbogen zum Schloss Bentlage. Der ehemalige Adelssitz geht auf ein gotisches Kloster zurück und eine bestimmte heitere Atmosphäre ist durch die Ruhe und die Lage im Wald noch immer spürbar. Heute ist das Schloss Bentlage Hotel, Kulturzentrum und Museum in einem. Im Grünen verteilt stehen moderne Skulpturen.

Sie fahren vom Schloss Bentlage durch eine schöne Eichenallee zurück Richtung Innenstadt von Rheine, wieder an der Ems entlang und am Falkenhof vorbei, wonach die Wegweiser Sie rechts nach Neuenkirchen leiten.

Offlumer See Sie radeln kurz an einer stark befahrenen Straße entlang, die Sie nach den Gleisen direkt rechts auf dem Radweg verlassen. Eine herrliche Radstrecke liegt nun vor Ihnen, weit weg von Verkehrslärm, nur Natur und guter Asphalt unter den Rädern. Ziel dieser Etappe ist der Offlumer See, ein ehemaliger Baggersee am Rande von Neuenkirchen und beliebtes Erholungsgebiet. Von der kleinen Strandpromenade, dem Badestrand und der Terrasse des Seecafés lässt sich fast der ganze See überblicken. Noch schöner ist die Aussicht von den zwei unübersehbaren roten Trichtern aus. Bis vor einigen Jahren wurde in den Trichtern noch Kies und Sand gespült. Eine Infotafel präsentiert Wissenswertes über die einstige Gewinnung von Sand und Kies.

Der Max-Clemens-Kanal-Radweg Nach dem Stopp am Offlumer See setzen Sie die Tour geradeaus auf dem Radweg fort. Sie biegen aber schon kurz danach links ab, dem Wegweiser

Münsterland-Erfahrung

Das Projekt »RadBahn Münsterland« betrifft die ehemalige Bahnlinie von Coesfeld nach Rheine, einen Abschnitt der einstigen Linie Oberhausen–Quakenbrück, die von der Rheinischen Eisenbahngesellschaft 1879 eröffnet und größtenteils für den Güterverkehr erbaut wurde. In Spitzenzeiten rollten über die Gleise bis zu 40 Züge pro Tag, beladen mit Kohle aus dem Ruhrgebiet. Es gab auch Personenverkehr, aber der spielte nie eine wirtschaftlich tragende Rolle und wurde 1984 eingestellt. Ende der 1990er-Jahre kam auch das Aus für den Güterverkehr. 2007 entschieden die Anrainergemeinden, die stillgelegte Bahntrasse zu kaufen und einen Radweg daraus zu machen. Zwei Jahre später wurde bereits der erste Abschnitt des Radweges eröffnet. 2012 und 2013 erfolgte die Eröffnung der letzten Abschnitte. Der Radweg ist heute circa 40 Kilometer lang, verläuft von Rheine nach Lutum und von dort über rund sieben Kilometer Wirtschaftsstraßen bis nach Coesfeld. Unterwegs gibt es viel Historisches zu entdecken, wie etwa mechanische Signale, Haltestellenhäuschen, Hektometersteine, die renoviert wurden und heute als Kilometerzähler für die Radler dienen, oder alte Bahnhofsgebäude, die vor allem durch die Gastronomie neue Bestimmungen erhalten haben.

Max-Clemens-Kanal folgend. In Maxhafen, beim Restaurant Fabry, steigen Sie dann links in den Max-Clemens-Kanal-Radweg ein. Genau hier waren einst das Zollhaus und der Endpunkt des Kanals.

Wegweiser des Bahntrassen-Projektes RadBahn Münsterland

Der Max-Clemens-Kanal ist ein unvollendet gebliebener Schifffahrtskanal zwischen Münster und der niederländischen Nordsee, ein Traum des Fürstbischofs Clemens-August. Anfang des 18. Jahrhunderts konnte der Fürst feierlich den ersten Kanalabschnitt Münster bis Clemenshafen eröffnen. Sein Nachfolger, Fürstbischof Max-Friedrich setzte das ehrgeizige Projekt fort und beauftrage die Erweiterung bis zum Maxhafen. Der Traum vom Wasserweg in die Niederlande zerbrach aber Mitte des 19. Jahrhunderts. Der Kanal verlor immer mehr an Bedeutung und der Schiffsverkehr wurde schließlich eingestellt. Die noch wasserführenden Abschnitte und die trockenen Mulden des Kanals stehen heute unter Denkmalschutz als Erinnerung an die besondere Geschichte der Region.

Die ruhige und fast kerzengerade Strecke entlang des ehemaligen Kanals führt an Wiesen und Feldern vorbei. Unterwegs erfahren Sie an Stationen mit Infotafeln mehr über die Geschichte des Kanals. Sie verlassen den Max-Clemens-Radweg bei der ehemaligen Bahntrasse, die Sie nach rechts wieder zurück nach Burgsteinfurt bringt.

15 Über den Schöppinger Berg

Burgsteinfurt – Leer – Schöppingen – Metelen

schwer | 30 km | 144 Hm | 3.00 Std.

Highlight: Stadtspaziergang

Ausgangs- und Endpunkt
Bahnhof Burgsteinfurt

GPS
52.147645, 7.329701

Anfahrt
Auto: Steinfurt liegt circa 20 Kilometer östlich der A31, direkt an der B54.
Bahn: Regionalbahnen in die umliegenden Orte und nach Münster (IC, ICE).

Tourencharakter
Rundtour auf asphaltierten Radwegen, Neben- und Wirtschaftsstraßen

Kombinierbar mit
Route 13 und 14

E-Bike-Ladestation
Steinfurt: Kreishaus Steinfurt, Tecklenburger Straße 10; DNL, Bahnhofstraße 35b; Café am Markt, Markt 11; Schöppingen: Ladestation Mühlenwall; Hotel Tietmeyer, Hauptstraße 52

Radverleih
Steinfurt: Schnieder, Goldstraße 1; DNL, Bahnhofstraße 35b; Zweirad Kemper, Alte Lindenstraße 1; Schöppingen: Zweirad Artmann, Hauptstr. 86

Radkarten
Radwanderkarte Kreis Steinfurt, 1:50 000, BVA Verlag, Bike Media

Information
www.steinfurt.de; www.schoeppingen.de

Eine richtige Herausforderung erwartet Sie auf dieser Tour. Der Schöppinger Berg ist Teil eines bis zu 158 Meter hohen Bergrückens und verantwortlich für eine kurze Bergetappe unterwegs. Von Schöppingen bis Metelen radeln Sie wieder in ebenem Gelände und auf einem Abschnitt der Vechtetal-Route. Berge, Wald, Wiesen, Flüsse und beschauliche Orte, vor Ihnen liegt eine Tour durch ein schönes Stück Münsterland.

Leerer Mühlen Startpunkt der Tour ist der Bahnhof in Burgsteinfurt, an dem direkt ein Radweg vorbeiführt. Mit dem Bahnhof im Rücken folgen Sie rechts dem Radweg, fahren bei der Gabelung aber nicht rechts auf den Bahndamm hoch, sondern Sie halten sich links und unterqueren den Damm. Sie radeln jetzt circa 1,5 Kilometer immer geradeaus und lassen

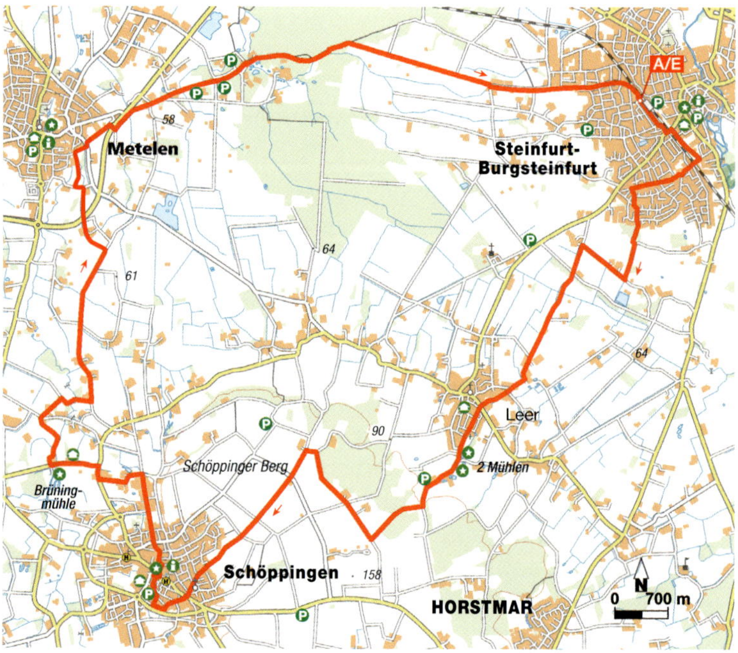

Biergarten von Jugel's Brüningmühle bei Haverbeck

schon bald die Häuser von Burgsteinfurt hinter sich. Dann sehen Sie einen Bauernhof an der rechten Seite und biegen dort links auf die Nebenstraße Veltrup ein. Jetzt folgen Sie den Radwegweisern nach Leer durch typisch münsterländische Parklandschaft, ein schönes Mosaik aus Wald, Feldern und Weiden. Sie halten sich nach dem Rastplatz rechts und überqueren die Straße in Leer geradeaus. Die Umgebung von Leer ist reich an Wassermühlen. Die erste Mühle erblicken Sie am Ortsrand beim Leerbach: die Schmeddings-Doppelmühle. Die historische Anlage besteht aus einer bemerkenswerten Kombination von einer fast 200 Jahre alten Wasser-

Guten Appetit

Der Gasthof Jugel's Brüningmühle liegt außerhalb vom Schöppingen nahe der alten Mühle an der Vechte. Der schöne Biergarten an der Radroute und einer Nebenstraße lädt neben Radlern auch motorisierte Biker zum Einkehren ein. Vor allem an Wochenenden ist das rustikale Restaurant gut besucht und viele Tische unter den Bäumen und Sonnenschirmen sind besetzt. Aus der Küche kommen großzügige Portionen: Es gibt Burger mit Pommes oder Schnitzel mit Beilagen, aber auch Salate oder Currywurst für den kleinen Hunger und Kuchen für zwischendurch.

und Windmühle. Kurz danach kommen Sie schon zur nächsten Mühle am Radweg: zur Wennings-Mühle, die aus einer alten, schön renovierten Wassermühle mit Mühlenkotten besteht.

Auf dem Schöppinger Berg Der Schöppinger Berg ist das nächste Ziel. Sie radeln entlang von Bauernhöfen direkt auf den Berg zu, tauchen in den Wald ein und folgen nach einem schattigen Rastplatz den Wegweisern nach rechts Richtung Schöppingen. Hier beginnt der Anstieg.

Oben am Schöppinger Berg angekommen, werden Sie von modernen Windmühlen begrüßt. Sie halten sich rechts und radeln am Waldrand entlang, mal leicht hinunter, mal leicht ansteigend. Sie biegen zweimal links ab und immer den Radschildern folgend kommen Sie schließlich geradeaus zur Bergkapelle. Das kleine Juwel steht windgeschützt zwischen den Bäumen und von hier bieten sich schöne Fernsichten auf die Münsteraner Parklandschaft und den modernen Windmühlenpark.

Ab der Bergkapelle können Sie das Rad gemütlich hinunterrollen lassen ins Schöppinger Ortszentrum, das Sie geradeaus über die Mühlenstiege erreichen.

Münsterland-Erfahrung

Burgsteinfurt ist der wohl charmanteste Ortsteil der knapp 35000 Einwohner zählenden Kreisstadt Steinfurt, die eigentlich durch die Zusammenlegung von Borghorst und Burgsteinfurt im Jahr 1975 entstanden ist. Burgsteinfurt präsentiert sich als malerische Kulisse aus Fachwerk- und Sandsteinhäusern sowie der geschichtsträchtigen Wasserburg aus dem 12. Jahrhundert, die heute von der Bentheimer Fürstenfamilie bewohnt wird. Auf dem Marktplatz prunken das Rathaus von 1561 mit einem auffallenden Treppengiebel und gegenüber das Stadtweinhaus. Letzteres wurde 1445 vom Grafen von Bentheim-Steinfurt für Empfänge und Feste gebaut, aber auch zum Weinverkauf genutzt, woher sich auch der Name ableitet. Ein paar Schritte südlich, An der Hohen Schule, war im Haus 14 die erste Hochschule Westfalens untergebracht. Das Renaissance-Gebäude beherbergt heute die Musik- und Volkshochschule. Gegenüber hat das Stadtmuseum seinen Einzug gehalten, das sich mit der Stadtgeschichte ab dem Mittelalter beschäftigt. Und wenn noch Zeit übrig bleibt, lohnt ein Abstecher nach Borghorst. Dort sind die Kirche Sankt Nikomedes und das Heimathaus Borghorst, das die Geschichte der Textilindustrie beleuchtet, interessant, denn Borghorst war eine Hochburg der Textilindustrie.

Ins Schöppinger Zentrum Bevor Sie das Zentrum von Schöppingen wieder verlassen, sollten Sie noch einen Blick auf das historische Rathaus aus dem 16. Jahrhundert werfen. Es ist das Wahrzeichen des Ortes und liegt direkt an der Route. Nach dem Rathaus radeln Sie links Richtung Metelen und bei der Kirche biegen Sie nach rechts ab. Auch hier lohnt sich ein kurzer Stopp. Sehenswert in der Kirche sind die gotischen Wandmalereien und der wertvolle Flügelaltar. Sie folgen den Radschildern weiter durch den Ort und gelangen auf eine Landstraße, der Sie nach links kurz bis zur Vechte folgen. Hier sehen Sie links ab der Vechte-Brücke eine weitere, bestens erhaltene Wassermühle: die Brüningmühle. Die Radroute geht nach dem unübersehbaren gemütlichen Biergarten rechts weiter.

Schlichte Kapelle am höchsten Punkt des Schöppinger Berges

Durchs Vechtetal retour Der Radweg folgt jetzt der Vechte und führt nach einem Bauernhof auf eine Nebenstraße, die Sie links, dann rechts queren. Nachdem Sie die Vechte überquert haben, biegen Sie links auf die Nebenstraße durch die Bauerschaft Haverbeck ein. Sie radeln schließlich links über den Walkenmühlenweg und unter der Bundesstraße hindurch nach Metelen. Sie halten sich an der T-Kreuzung nach links und dann rechts, bis zum Ende der Straße. Hier können Sie links-rechts an der Vechte entlang einen Abstecher zum Ortskern machen, in dem die ehemalige Stiftskirche und eine Wassermühle am Fluss sehenswert sind.

Die Route geht allerdings an der T-Kreuzung rechts auf dem Nieporter-Esch weiter und dann geradeaus auf dem Radweg Richtung Burgsteinfurt. Sie unterqueren die Bundesstraße und radeln links weiter auf dem Steinfurter Damm. Die letzten Kilometer führen durch eine Allee, weit weg von Straßenlärm, vorbei am Dino-Zoo durch einen Wald und an Feldern entlang zurück zum Bahnhof in Burgsteinfurt.

Im Herzen des Münsterlandes

Radweg zwischen Darfeld und Billerbeck (o. li.). Die Türme des Ludgerus-Doms überragen die Altstadt von Billerbeck (o. re.). Sandstein wurde an vielen Gebäuden verwendet (u. re.). Unterwegs zur Bahntrasse Coesfeld-Darfeld (u. li.).

16 Die Sandstein-Route

Billerbeck – Havixbeck – Naturschutzgebiet Baumberge – Nottuln

schwer | 40 km | 332 Hm | 4.30 Std.

Highlight: Naturparadies

Ausgangs- und Endpunkt
Bahnhof Billerbeck, Am Bahnhof 1

GPS
51.981292, 7.296989

Anfahrt
Auto: Billerbeck liegt circa 10 Kilometer nördlich der B525 bei Nottuln, direkt an der L580.
Bahn: Regionalbahnen ab Münster (IC, ICE).

Tourencharakter
Rundtour auf asphaltierten Radwegen, Wirtschafts- und Nebenstraßen

Kombinierbar mit
Route 17 und 18

E-Bike-Ladestation
Billerbeck: Bahnhof, Bahnhofstraße 1; Rathaus, Rathausstraße 1; Baumberge: Café am Longinusturm, Baumberg 45; Haus Steverburg, Baumberg 6; Restaurant Marienhof, Baumberg 19; Nottuln: Restaurant Denter, Burgstraße 7; Zweirad Hanning, Martin-Luther-Straße 19

Radverleih
Billerbeck: Zweirad Center Bergmann, Holthauser Straße 3
Havixbeck: Radkult, Hauptstraße 45

Radkarten
Radwanderkarte Kreis Coesfeld, 1:50000, BVA Verlag

Information
www.billerbeck.de; www.havixbeck.de; www.nottuln.de

Auf zur höchsten Erhebung des Münsterlandes! Von Billerbeck geht es hinauf in die traumhaften Baumberge. Dieses waldreiche Hügelland im Herzen des Münsterlandes ist seit dem Mittelalter wegen seines Sandsteins bekannt, aus dem viele Schlösser, Kirchen und Skulpturen gemacht wurden. Heute verbindet man die Baumberge mit Naturschutz, mit Wandern und Radfahren. Die Steigungen unterwegs sind eine echte Herausforderung.

Richtung Havixbeck Billerbeck hat einen wunderschönen und stimmungsvollen Ortskern, der aber für das Ende der Tour aufgehoben wird. Zuerst treten Sie in die Pedale Richtung Havixbeck. Mit dem Bahnhof im Rücken radeln Sie links zur Beerlager Straße und überqueren nach links die Gleise. Die Route geht danach gleich rechts weiter Richtung Freilichtbühne.

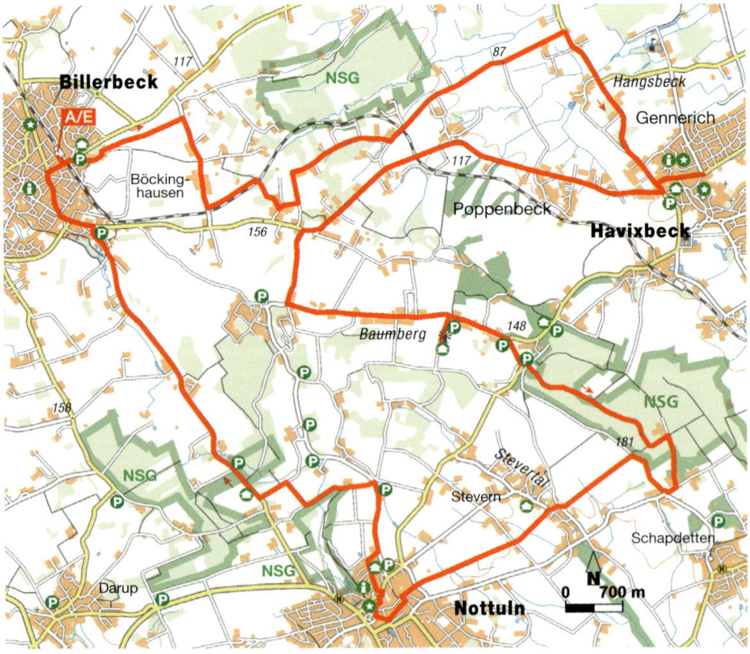

Nach der Bühne biegen Sie links auf einen Waldweg ein, dem Sie geradeaus folgen, bis Sie auf eine Wirtschaftsstraße stoßen. Hier halten Sie sich rechts und radeln an Bauernhöfen vorbei bis zur Brücke. Vor der Brücke folgen Sie dem Radweg nach links, der parallel zu den Gleisen verläuft. Sie überqueren die Gleise nach rechts auf einer Radbrücke, wonach der Radweg

gleich steil hoch durch den Wald geht. Die Strecke führt an einem Bauernhof entlang und weiter durch ein sanft gewelltes Naturschutzgebiet mit schönen Ausblicken. An der T-Kreuzung links halten, unter den Gleisen hindurchradeln und dann immer geradeaus bis zur Landstraße. Hier folgen Sie rechts dem Radweg Richtung Havixbeck.

Schönes Ensemble am Johannikirchplatz in Billerbeck

Quer durch Havixbeck Sie verlassen vorläufig die Landstraße und radeln links nach Havixbeck für einen Abstecher zum Ortskern und zum Sandsteinmuseum. Das kleine Museum am Ortsrand schließt sich dem Thema der Radroute an. Es ist in einem hübschen alten Bauernhof aus Sandstein untergebracht und widmet sich der Geschichte, Gewinnung und Anwendung des Baumberger Sandsteins, auch bekannt als »Marmor des Münsterlandes«. Der Besucher kann im Museumshof sogar das eigene Talent als Steinmetz erproben.

Vom Sandsteinmuseum radeln Sie geradeaus weiter zum beschaulichen Ortskern von Havixbeck. Sehenswert sind hier einige historische Fachwerkhäuser, für die teilweise Baumberger Sandstein verwendet wurde. Die schönsten Häuser treffen Sie übrigens in der Hauptstraße an. Aus Sandstein wurden auch die Dorfkirche und die nebenan liegende Pestkapelle errichtet.

Aufstieg zum höchsten Punkt Sie folgen der Hauptstraße in Havixbeck mit einer Kurve zurück zur Landstraße und biegen rechts–links auf den Radweg entlang der Billerbecker Straße ein. Sie radeln nun in Richtung Poppenbeck und Naturschutzgebiet Baumberge. Die Straße steigt allmählich an und nach etwa fünf Kilometern biegen Sie links auf eine ruhige Nebenstraße ab. Sie halten sich an der nächsten Kreuzung wieder links und folgen jetzt der Sandstein-Route. Eine herrliche Strecke führt nun hoch auf einen Bergrücken und zum nächsten Ziel: dem Longinusturm, den Sie schon bald erblicken und an dem Sie sich orientieren können.

Kurzer Abstecher zum Longinusturm Eine Stichstraße führt rechts zum Longinusturm am 187 Meter hohen Westerberg und damit haben Sie nicht nur den höchsten Punkt der Baumberge, sondern auch den des ganzen Münsterlandes erreicht. Der Longinusturm misst stolze 32 Meter und ist wie erwartet aus Baumberger Sandstein erbaut. Der Aussichtsturm wurde Ende des 19. Jahrhunderts auf Initiative eines regionalen Naturforschers mit dem Spitznamen »Longinus«, »der Lange«, errichtet,

Münsterland-Erfahrung

Im größtenteils flachen Münsterland haben die Radfahrer die Baumberge öfters im Blick. Die Anhöhen im Herzen der Region gehören zu den höchsten Erhebungen im Münsterland und ragen regelmäßig über die münsterländische Parklandschaft heraus. Das Gebirge wird vorwiegend von Buchenwäldern geprägt und von mehreren Bergen gebildet. Der Westerberg (187 m), der Hoheberg (182 m) und der Luseberg (181 m) sind die höchsten Erhebungen und befinden sich im Naturschutzgebiet Baumberge zwischen Havixbeck und Nottuln. Als Naturschutz- und Erholungsgebiet sind die Baumberge weithin bekannt, aber auch als Abbaugebiet des berühmten gelben Sandsteins hat sich der Höhenzug einen Namen gemacht. Der Baumberger Sandstein wurde im Mittelalter als ideales Material für Bildhauer und Baumeister entdeckt. So wurden viele Gebäude in der Baumberg-Region aus Sandstein erbaut, aber auch das alte Rathaus und der Dom in Münster, und weiter entfernt das Bildhauerwerk im Kölner Dom. Mehr über den Sandstein, von der Entstehung über den Abbau bis zur Anwendung, erfahren Sie im netten Sandsteinmuseum in Havixbeck.

Stillgelegter Steinbruch auf der Leopoldshöhe im Naturschutzgebiet Baumberge

was den besonderen Namen des Turmes erklärt. An schönen Tagen ist es hier oben recht belebt. Ausflügler aller Altersgruppen, angereist mit dem Auto, zu Fuß, mit dem Rad oder Motorrad, wollen nicht nur den Longinusturm besichtigen und an seinem Fuße einen Kaffee trinken, sondern auch von seiner Aussichtsplattform auf 24 Metern Höhe das atemberaubende Panorama weit über die Baumberge hinaus genießen.

Auf einem Waldweg durchs Naturschutzgebiet Vom Longinusturm geht es wieder zurück zur Straße, wo Sie der Sandstein-Route nach rechts weiter folgen. Bei der Kreuzung radeln Sie rechts auf dem Radweg weiter die Baumberge hoch. Den Wanderparkplatz zu Ihrer Linken queren Sie geradeaus und nehmen dann den Waldweg rechts. Die Strecke führt Sie jetzt quer durch das Naturschutzgebiet auf dem Höhenzug der Baumberge. Der ungeteerte, breite Waldweg endet bei der Gaststätte Leopoldshöhe, wo Sie das Rad auf einer Nebenstraße hinunterrollen lassen können.

Unterwegs kommen Sie noch an einem alten Steinbruch vorbei, der frei zugänglich ist.

Weiter nach Nottuln Kurz vor der stark befahrenen Landstraße weist der Radwegweiser Sie rechts an einem kleinen Wanderparkplatz vorbei auf eine mit Obstbäumen bestandene Allee. Gleich danach radeln Sie links zum malerischen Stevertal hinunter, wo Sie auf eine alte, gut erhaltene Wassermühle stoßen. Nach der Mühle halten Sie sich in der Kurve links Richtung Nottuln und verlassen dabei die Sandstein-Route. Sie radeln immer geradeaus auf der Allee, überqueren die Bundesstraße und gelangen schließlich über die Burgstraße in den historischen Ortskern von Nottuln.

Nottuln gilt als einer der schönsten Orte des Münsterlandes und ist bestimmt einen Stopp Wert. Das kleine Städtchen ist als adeliges Damenstift entstanden und im Ortskern um den Stiftsplatz treffen Sie auf Spuren dieser besonderen Geschichte. Die gotische Stiftskirche aus Sandstein ist der Mittelpunkt des historischen Kerns. Ehemalige Verwaltungsgebäude und Residenzen der adeligen Stiftsdamen gruppieren sich um die Kirche. Blickfang ist das Haus der Äbtissin mit der hübschen Nonnenbachbrücke. Sehenswert ist auch der typisch westfälische Kirchplatz nördlich der Kirche.

Über den Nottulner Berg zurück Am Brunnen vorbei, verlassen Sie den Stiftsplatz und biegen rechts in die Heriburgstraße ab. Beim Parkplatz weisen Radschilder Sie links auf die Straße Buckenkamp und aus Nottuln hinaus. Am Ortsrand geht es links weiter auf dem Radweg neben der Landstraße. Sie überqueren die Bundesstraße und verlassen die Landstraße schon bald wieder nach links Richtung Harry's Speisekammer. Wiederum liegt nun eine schöne Strecke vor Ihnen, die Sie über den Nottulner Berg führt. Nach einer Brücke halten Sie sich rechts und danach links Richtung Coesfeld. Schließlich radeln Sie an Harry's Speisekammer vorbei immer geradeaus zurück nach Billerbeck mit seinen weithin sichtbaren Kirchtürmen, die dabei zur Orientierung dienen.

Guten Appetit

Unterwegs durch die Baumberger Region fehlt es keineswegs an Einkehrmöglichkeiten. Bei Havixbeck stoßen Sie auf das urige Brauhaus Klutes mit Biergarten. Süßliebende Gaumen kommen bei den hausgemachten Kuchen im netten Café im Sandsteinmuseum ins Schwärmen. Oder wie wäre es mit Flammkuchen im Café am Longinusturm nach anstrengender Strecke zum höchsten Punkt des Münsterlandes? Auch bei den Lokalen im Zentrum von Nottuln und Billerbeck ist für jeden Geschmack etwas dabei.

Linke Seite: Höchster Punkt und Ausflugsziel der Baumberge-Region: der Longinusturm

17

Coesfelder Berge

Billerbeck – Osthellen – Gerleve – Schloss Varlar – Schloss Darfeld

mittel | 40 km | 297 Hm | 4.00 Std.

Highlight: Sehenswürdigkeit

Ausgangs- und Endpunkt
Bahnhof Billerbeck, Am Bahnhof 1

GPS
51.981292, 7.296989

Anfahrt
Auto: Billerbeck liegt 10 Kilometer nördlich der B525 bei Nottuln, direkt an der L580. Bahn: Regionalbahnen ab Münster (IC, ICE).

Tourencharakter
Rundtour auf asphaltierten Radwegen, Neben- und Wirtschaftsstraßen. Kürzere Abschnitte auf ungeteerten Wald- und Uferwegen

Kombinierbar mit
Route 16 und 18

E-Bike-Ladestation
Billerbeck: Bahnhof, Bahnhofstraße 1; Rathaus, Rathausstraße 1; Zweirad Center Bergmann, Holthauser Straße 3; Billerbecker Hof, Schmiedestraße 20; Coesfeld: Café Central, Bernhard-van-Galen-Straße 33; Kreishaus, Friedrich-Ebert-Straße 7; Brauhaus Stephanus, Overhagenweg 1

Radverleih
Billerbeck: Zweirad Center Bergmann, Holthauser Straße 3

Radkarten
Radwanderkarte Kreis Coesfeld, 1:50 000, BVA Verlag, Bike Media

Information
www.billerbeck.de; www.rosendahl.de

Die münsterländische Parklandschaft ist größtenteils flach, aber diese Route lädt ein, auch die hügeligen Seiten im Herzen der Region zu entdecken. Die Tour führt von Billerbeck durch eine reizvolle Landschaft über die Coesfelder Berge und bietet neben schönen Fernsichten auch einige Sehenswürdigkeiten wie die Schlösser Varlar und Darfeld.

Zur Bauerschaft Osthellen Vom Bahnhof in Billerbeck radeln Sie über den Radweg Richtung Ortsmitte. Den alten Ortskern von Billerbeck lassen Sie links liegen und biegen gleich rechts auf den Radweg entlang der stark befahrenen Darfelderstraße ab. Beim Kreisverkehr radeln Sie links und dann fahren Sie die Straße geradeaus bis zur Ampelkreuzung bei der Feuerwache. Sie überqueren hier die Straße geradeaus und folgen dem Radschild gleich rechts hinunter. Die Radroute verläuft zunächst auf einem schmalen Kiesweg am Stadtrand entlang, den Sie später nach links Richtung Coesfeld verlassen. Durch Agrarland mit Maisfeldern und Wiesen gelangen Sie zur Bauerschaft Osthellen. Am Ende der Straße halten Sie sich links, wonach Sie in der Kurve der Radroute rechts weiter Richtung Coesfeld folgen.

Im leichten Auf und Ab über die Coesfelder Berge Durch sanftes Hügelland mit vereinzelten Bauernhöfen radeln Sie allmählich hoch zu den Coesfelder Bergen. Sie überqueren die Landstraße geradeaus und lassen das Rad auf einer Nebenstraße nach Gerleve hinunterrollen. An der T-Kreuzung halten Sie sich rechts und biegen an der nächsten Kreuzung rechts auf die wieder ansteigende Landstraße ab. Auf Ihr erreichen Sie Stift Gerleve. Das schön gelegene Benediktinerkloster lohnt einen kurzen Stopp. Die Klosterkirche ist frei zugänglich.

Nach dem kurzen Aufenthalt geht der Radweg gegenüber dem Kloster weiter, leicht ansteigend durch weite Kulturlandschaft. Nach circa 1,5 Kilometern weist das Radschild Sie rechts zu einer Landstraße, die sie links–rechts überqueren. Jetzt können

Sie das Rad in den Coesfelder Bergen hinunterrollen lassen. Sie gelangen zu einer Kreuzung, an der Sie links einen Abstecher zur Stadt Coesfeld machen können (siehe Route 19), die Route geht aber rechts weiter und folgt den Wegweisern zum Schloss Varlar.

Im Auf und Ab geht es durch die Coesfelder Berge.

Die Schlösser Varlar und Darfeld Den Radtafeln folgend, gelangen Sie über Land- und Nebenstraßen entlang moderner Windmühlen und unter Gleisen hindurch schließlich zu einem Waldstück. Hier queren Sie den Varlarer Mühlbach, wonach Sie auf einem Waldweg rechts Schloss Varlar erreichen. Leider ist das Schloss in Privatbesitz und Sie müssen sich mit einem Blick vom Radweg aus auf den eleganten Adelssitz zufriedenstellen.

Nach Schloss Varlar geht es geradeaus weiter Richtung Billerbeck. Danach halten Sie sich links und radeln auf dem separaten Radweg entlang der

Guten Appetit

Die Abtei Gerleve ist ein Ort der Besinnung und der Gastfreundschaft. Die Türen ihrer modern eingerichteten Gaststätte mit Außenterrasse stehen jedem offen. Um die Mittagszeit haben Sie die Wahl zwischen Fisch, Fleisch oder vegetarischen Gerichten, aber vielleicht probieren Sie einmal den Radlerteller, einen gemischten Salat mit Geflügelbrust, dazu gibt es hausgebackenes Klosterbrot und Wein aus der Klosterkellerei. Zum Nachmittagskaffee locken süße Spezialitäten aus der Klosterkonditorei. Einfach unwiderstehlich!

Rechte Seite: Radweg durch die Münsteraner Parklandschaft bei Billerbeck

Landstraße bis zur Kreuzung. Hier biegen Sie rechts auf die Straße Dorfbauerschaft ein und radeln durch Wald und entlang von Feldern Richtung Darfeld. Sie erreichen den Ort links über einen etwas holperigen Forstweg und stoßen auf das privat bewohnte Schloss Darfeld. Das Wasserschloss erscheint wie aus einem Märchen. Es wurde nach einem Brand schwer beschädigt und erst Anfang des 20. Jahrhunderts wiederaufgebaut. Vom ursprünglichen Schloss aus dem 17. Jahrhundert ist lediglich noch der schöne Innenhof mit den Arkaden erhalten geblieben. Er ist vom Radweg aus sichtbar.

Bahntrassen-Radweg mit altem Bahnhof in Darfeld

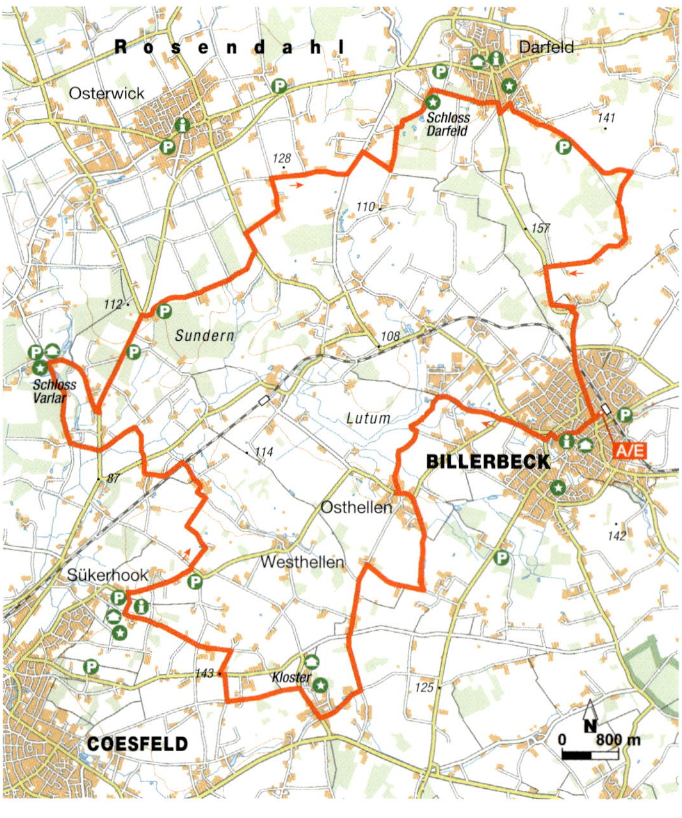

Zurück nach Billerbeck Vom Schloss können Sie links einen Abstecher ins Dorf Darfeld machen. Die Route geht geradeaus weiter. Sie radeln an einer Schranke vorbei und am Rande des Dorfes in Richtung Laer. Sie halten sich an der T-Kreuzung rechts und an der nächsten Kreuzung links. Radeln Sie aber nicht auf dem Radweg (Tafel RadBahn) hoch, sondern nehmen Sie die Nebenstraße, an der das Radschild Sie vor den ersten Häusern rechts auf einen schmalen Kiesweg Richtung Laer leitet. Der Kiesweg geht bald in einen asphaltierten Weg durch sanftes Hügelland über. An der Kreuzung nach dem Waldstück geht es rechts Richtung Billerbeck zurück. Noch einmal müssen Sie ordentlich in die Pedale treten. Bei der Landstraße biegen Sie links auf den Radweg ein. Ab dem Restaurant können Sie das Rad dann hinunterrollen lassen, immer geradeaus bis zur Bahnhofstraße, die Sie zum Ausgangspunkt bringt.

Münsterland-Erfahrung

Im Herzen des Münsterlandes kommen einige Radwege am Schloss Varlar vorbei. Das Schloss liegt malerisch im Wald versteckt und wird teilweise von einem Wassergraben, der vom Varlarer Mühlbach gespeist wird, umgeben. Ursprünglich wurde das Schloss als Prämonstratenserstift im 11. Jahrhundert erbaut. Erst als das Kloster zu Beginn des 19. Jahrhunderts aufgehoben wurde, fiel die Anlage an den Grafen zu Salm-Grumbach und aus dem Kloster Varlar wurde das Schloss Varlar. Teile der Klosteranlage wurden vollständig abgerissen, wie etwa die Klosterkirche, oder zu einer fürstlichen Residenz umgebaut. So blicken Wanderer und Radfahrer heute vom Waldweg aus auf eine beeindruckende, umgestaltete Fassade im klassizistischen Stil, die im Laufe des 19. Jahrhunderts entstanden ist. Der gepflegte Schlossgarten mit zahlreichen Blumenbeeten, Bäumen und Stauden ist vielleicht der ansprechendste Teil des Schlosses, wenn auch nur aus der Ferne zu bewundern, denn das Schloss Varlar ist nach wie vor im Besitz der gräflichen Familie Salm-Horstmar und nur von außen zu bewundern.

18

Durch das malerische Stevertal

Billerbeck – Stevertal – Appelhülsen – Nottuln

mittel | 36 km | 200 Hm | 3.00 Std.

Highlight: Stadtspaziergang

Ausgangs- und Endpunkt
Bahnhof Billerbeck, Am Bahnhof 1

GPS
51.981292, 7.296989

Anfahrt
Auto: Billerbeck liegt circa 10 Kilometer nördlich der B525 bei Nottuln, direkt an der L580.
Bahn: Regionalbahnen ab Münster (IC, ICE).

Tourencharakter
Rundtour auf asphaltierten Radwegen, Neben- und Wirtschaftsstraßen

Kombinierbar mit
Route 16 und 17

E-Bike-Ladestation
Billerbeck: Bahnhof, Bahnhofstraße 1; Rathaus, Rathausstraße 1; Zweirad Center Bergmann, Holthauser Straße 3; Billerbecker Hof, Schmiedestraße 20; Stevertal: Gasthaus Stevertal, Stevern 36; Notulln: Restaurant Denter, Burgstraße 7; Zweirad Hanning, Martin-Luther-Straße 19; Appelhülsen: Klingel's Esszimmer, Münsterstraße 61

Radverleih
Billerbeck: 2rad Center Bergmann, Holthauser Straße 3

Radkarten
Radwanderkarte Kreis Coesfeld, 1:50 000, BVA Verlag

Information
www.billerbeck.de; www.nottuln.de

Auf dieser abwechslungsreichen Runde entdecken Sie eine der schönsten Ecken des Münsterlandes. Die Radroute folgt dem malerischen Stevertal, von der Quelle am Fuße des waldreichen und hügeligen Naturschutzgebietes Baumberge bis zum Dorf Appelhülsen. Genießen Sie unterwegs die fast unberührte Natur, die ländliche Idylle und viele schöne Winkel am Wegesrand.

Durch das sanfte Hügelland der Baumberge Sie starten beim Bahnhof in Billerbeck, radeln auf dem Radweg Richtung Ortsmitte und biegen dann links auf die Darfelder Straße ab. Der Straße folgen Sie stadtauswärts. Nach den letzten Häusern und der Ortstafel nehmen Sie rechts den Wirtschaftsweg. Die Strecke führt mit sanften Steigungen zwischen Wiesen und Äckern hindurch. Nach einem Ferienpark stoßen Sie auf eine Nebenstraße, der Sie links folgen und die Sie kurz danach wieder rechts auf dem Radweg Richtung Nottuln-Coesfeld verlassen. Eine wunderschöne Strecke durch typische münsterländische Parklandschaft liegt jetzt vor Ihnen. Sie radeln am Rande des Naturschutzgebietes Baumberge entlang, wobei Sie das Rad hinunterrollen lassen können. Zurück auf einer Nebenstraße, halten Sie sich links. Nach circa zwei Kilometern, beim Christuskreuz, biegen Sie links ab und radeln durch die Bauerschaft Uphoven Richtung Sendemast hoch.

Das Stevertal Mit einer Kurve gelangen Sie ins schattenreiche Stevertal südlich der Baumberge. Eine Infotafel am Wegesrand weist auf die Steverquelle hin, die sich zwischen Bäumen nur ein paar Meter vom Radweg entfernt versteckt. Die Radroute läuft jetzt parallel an der Stever entlang. Bei der T-Kreuzung radeln Sie rechts und folgen gleich links der Route durchs Stevertal. Der folgende Abschnitt des malerischen Tals wird von typischen Obstwiesen, alten Bauernhöfen und Wassermühlen aus Baumberger Sandstein geprägt. Im Frühjahr zur Obstblüte ist ein Radausflug durchs Stevertal denn auch besonders reizvoll.

Nach Appelhülsen Sie überqueren geradeaus die stark befahrene Landstraße und folgen nun den Radwegweisern Richtung Appelhülsen.

Linke Seite: Turm der Stiftskirche und Zunftbaum in Nottuln

Schattiges Terrassencafé am Stiftsplatz im Nottulner Zentrum

Guten Appetit

Forelle ist die Spezialität des traditionsreichen Gasthauses Stevertal. Der Fisch wird erst nach Ihrer Bestellung aus dem eigenen Teich hinter dem Gasthaus gefangen. Eine weitere Spezialität ist der westfälische Schinken, luftgetrocknet oder geräuchert vom hauseigenen Metzger und mit Brot serviert. Viele Gäste schätzen das Drei-Gänge-Menü zu Mittag: Vorspeise, Hauptgericht und Dessert gegen angemessene Preise und in nicht zu großen Portionen.

Münsterland-Erfahrung

Schon von Weitem weisen die schlanken, hoch aufragenden Türme des Ludgerus-Doms den Weg ins historische Zentrum von Billerbeck, das mit seinen bedeutenden Baudenkmälern ein architektonisches Juwel im Münsterland ist. Der Dom am Markt ist auch ein guter Startpunkt für einen kleinen Rundgang durch die rund 12000 Einwohner zählende Stadt. Der Dom wurde in sechsjähriger Bauzeit ab 1892 als neugotische Basilika errichtet, genau an jener Stelle, an der nach Überlieferungen der Heilige Luidger gestorben ist. Hier stand damals das Rathaus aus dem 17. Jahrhundert, das dem Dombau weichen musste. Das heutige Rathaus neben dem Dom mit neugotischer Fassade wurde ebenfalls 1892 und wie viele Bauwerke der Region aus Baumberger Sandstein gebaut.

Einige Gehminuten südlich des Marktes trifft man in der Münsterstraße 6 auf den alten Profanbau Haus Beckebans und in der Mühlenstraße 34 auf den Richthof, einen ehemaligen fürstbischöflichen Amtshof, der erstmals im 13. Jahrhundert in einer Urkunde auftaucht. Ein paar Schritte weiter südlich erhebt sich auf dem Johannikirchplatz die spätromanische Archidiakonatskirche Sankt Johann und einen Steinwurf südlicher die Kolvenburg, eine aus dem 15. Jahrhundert stammende Wasserburg an der Berkel, die heute als Kulturzentrum genutzt wird.

Die Route führt durch eine schöne Allee und am Ende rechts auf eine Nebenstraße bis zu einer Wassermühle, an der Sie links abbiegen auf die ruhige Wirtschaftsstraße durch die Dorfbauerschaft Heller. Auf Ihrem Weg nach Appelhülsen überqueren Sie noch die Stever und danach die Autobahn. Sehenswert in Appelhülsen ist der Frenkings Hof, ein historischer Gutshof im typisch münsterländischen Fachwerkstil. Heute ist der direkt an der Radroute neben der Kirche im Ortszentrum gelegene Hof ein Kulturzentrum mit nettem Garten.

Über Nottuln zurück nach Billerbeck Sie radeln von der Kirche in Appelhülsen durch die Bahnhofstraße weiter, biegen nach den Gleisen gleich rechts ab und überqueren nach einigen Metern wieder nach rechts die Gleise. Sie folgen jetzt den Radwegweisern der 100-Schlösser-Route, überqueren die Autobahn nochmals und gelangen schließlich immer geradeaus nach Nottuln. Die malerische Altstadt ist besonders sehenswert. Kern sind der Kirchplatz und der Stiftplatz, gesäumt von einer Reihe hübscher, denkmalgeschützter Gebäude und gemütlicher Terrassencafés.

Linke Seite: Historische Wassermühle am Radweg durch das Stevertal

Am Brunnen vorbei, verlassen Sie den Nottulner Ortskern. Sie haben jetzt die Wahl: Die kurze Strecke zurück nach Billerbeck führt links-rechts auf einem separaten Radweg an der Landstraße entlang. Die schönere, etwas längere Strecke verläuft rechts weiter bis zum Parkplatz, an dem Radschilder Sie links auf die Straße Buckenkamp leiten. Immer den Radschildern weiter folgend, gelangen Sie wieder zum Christuskreuz, an dem Sie sich links Richtung Harry's Speisekammer halten.

Über den Nottulner Berg und immer geradeaus an Harry's Speisekammer vorbei geht es schließlich zurück nach Billerbeck.

19

Coesfeld und Umgebung

Coesfeld – Rosendahl

mittel | 36 km | 149 Hm | 3.00 Std.

Highlight: Stadtspaziergang

Ausgangs- und Endpunkt
Parkplatz beim Konzerttheater in Coesfeld, Osterwicker Straße 34

GPS
51.952623, 7.173802

Anfahrt
Auto: Coesfeld liegt an der B474 und B525.
Bahn: Regionalbahnen ab Ruhrgebiet.

Tourencharakter
Rundtour auf asphaltierten Nebenstraßen, Rad- und Wirtschaftswegen

Kombinierbar mit
Route 16, 17 und 18, alle ab Billerbeck (circa 11 km)

E-Bike-Ladestation
Coesfeld: Café Central, Bernhard-van-Galen-Straße 33; Kreishaus, Friedrich-Ebert-Straße 7; Brauhaus Stephanus, Overhagenweg 1

Radverleih
Fahrradverleihstation Lette, direkt am Bahnhof Lette, Bahnhofsallee

Radkarten
Radwanderkarte Kreis Coesfeld, 1:50 000, BVA Verlag, Bike Media

Information
www.coesfeld.de; www.rosendahl.de

Die Coesfelder Umgebung ist flach, abwechslungsreich und von Wäldern, Feldern, alten Höfen und liebenswerten Dörfern geprägt. Sie hat aber auch durchaus hügelige Seiten und bildet den Startpunkt der Tour »RadBahn Münsterland«, die über eine ehemalige Bahntrasse verläuft. Genug Ingredienzen für eine schöne Tour.

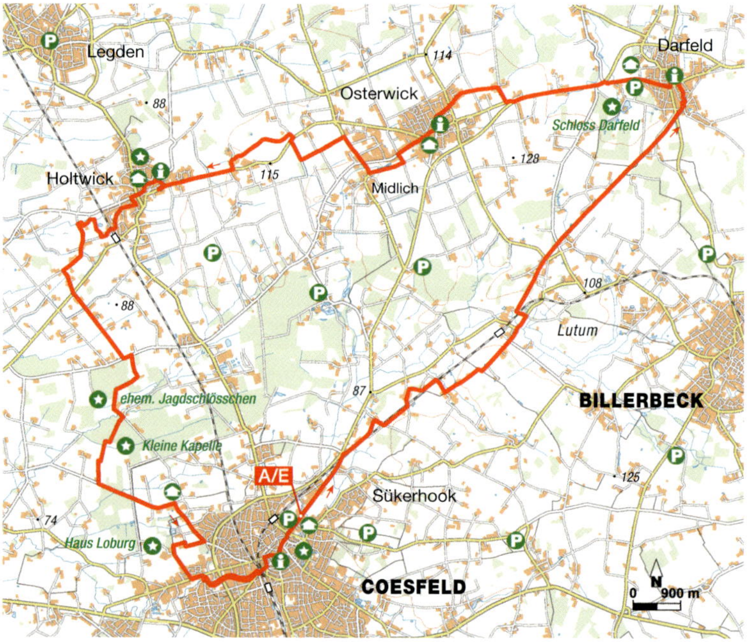

Auf der Bahntrasse Die Route startet beim Konzerttheater in Coesfeld, an dem Sie dem Radweg entlang der Osterwickerstraße stadtauswärts folgen. Sie radeln ungefähr parallel zu den Gleisen und folgen den Radbahn-Wegweisern Richtung Steinfurt. Ziel des ersten Abschnitts ist das Dorf Darfeld. Der Radweg auf dem Bahndamm fängt erst bei Lutum an, aber die Strecke dorthin ist schon ein Genuss. Der Radweg führt durch Natur. Kurz vor Lutum ist eine ordentliche Steigung zu bewältigen, aber die Anstrengung wird belohnt mit atemberauben-

den Fernsichten auf die typische Münsterländer Parklandschaft. Nach Lutum radeln Sie unter dem Viadukt hindurch und gleich mit einer Kurve nach links hoch auf die ehemalige Bahntrasse. Die nächsten fünf Kilometer radeln Sie oben auf dem Bahndamm, mal mit freier Aussicht, mal zwischen Bäumen. Kurz vor Darfeld kommen Sie an einen Kreisverkehr, an dem Sie geradeaus der Radbahn folgen und den alten Bahnhof Darfeld erreichen, das Ende der Bahntrasse auf dieser Route. Ab hier geht die Route durch drei Dörfer langsam Richtung Coesfeld zurück.

Einziges noch erhaltenes Stadttor von Coesfeld

Münsterland-Erfahrung

Man sieht Coesfeld nicht an, dass es bereits 1000 Jahre auf dem Buckel hat. Denn Machtkämpfe, Streitigkeiten und Kriege, vor allem der Zweite Weltkrieg, haben der heutigen Kreisstadt schwer zugesetzt und viele historische Bauwerke vernichtet. Trotz allem lohnt sich ein kurzer Spaziergang durch die Kleinstadt an der Berkel. Am besten beginnt man den Stadtrundgang am Marktplatz, wo die Touristeninformation im Rathaus aus den 1950er-Jahren einen übersichtlichen Stadtplan samt Stadtrundgang parat hält. Ab dem Platz sind die Sehenswürdigkeiten und Museen denn auch in wenigen Minuten zu erreichen. Für fast jedes Interesse ist etwas darunter, wie die Kirchen Sankt Lamberti und Sankt Jakobi, die ehemalige Synagoge, der Pulverturm, das Walkenbrückentor mit dem Stadtmuseum, das einstige Stadtschloss oder das Puppen- und Spielzeugmuseum. Und zweimal wöchentlich gibt es auf dem Platz einen schönen, lebhaften Markt mit regionalen Produkten direkt vom Erzeuger.

Apfelbaum am Rande des Radweges bei Osterwick

Rosendahl-Darfeld Klein, aber fein präsentiert sich die Gemeinde Rosendahl mit ihren drei Dörfern Darfeld, Osterwick und Holtwick, jedes mit anderen Sehenswürdigkeiten. Ein Höhepunkt in Darfeld ist der Alte Bahnhof. Die Gebäude sind renoviert und bieten jetzt Platz für das Bahnhofscafé und eine Backstube, die nur am Wochenende geöffnet sind. Vom Bahnhof lassen Sie das Rad links hinunterrollen. Nochmals links gelangen Sie nach 500 Metern zur Vechtequelle, die Radroute geht aber rechts durch die Oberdarfelder Straße weiter ins Ortszentrum Richtung Dorfkirche. An der T-Kreuzung halten Sie sich links, dann nochmals links und am Kreisverkehr biegen Sie rechts in der Osterwickerstraße ein. Sie könnten noch rechts einen Abstecher zum Schloss Darfeld machen, das bei Tour 18 beschrieben ist. Dann verlassen Sie Darfeld geradeaus über die Osterwickerstraße bis kurz vor der stark befahrenen Landstraße. Sie unterqueren die Straße rechts und gelangen gleich links zum Radweg entlang der Landstraße, der Sie bis Osterwick folgen. Hier dem Radschild rechts folgen und gleich bei der Kurve wieder

Guten Appetit

In den Dörfern entlang der Radroute ist das kulinarische Angebot klein. Das wird aber von der Auswahl an Restaurants in Coesfeld ausgeglichen. Eine gute Wahl ist hier das Restaurant Haselhoff neben der Sankt-Jakobi-Kirche im Stadtzentrum. Das Restaurant ist für seine bodenständige Küche und regionalen Spezialitäten bekannt. An Wochentagen gibt es mittags ein gutes und preisgünstiges Tagesangebot mit wechselnden Gerichten. Und unter den Schirmen auf der Terrasse blicken Sie auf das Treiben in der Fußgängerzone.

Auffahrt zum Radweg auf der Bahntrasse von Coesfeld nach Darfeld

rechts auf die Straße Geitendorf. Danach gelangen Sie über den ersten Weg links, den Tillyweg, ins Dorfzentrum.

Osterwick und Holtwick Für ein kleines Dorf hat Osterwick eine erstaunlich große Dorfkirche. Sie erscheint fast wie ein Dom. Die Radschilder weisen den Weg durchs Dorf. Fast am Ortsrand biegen Sie rechts in Am Diepenweg ein und dann links auf den Rierkweg. Sie radeln an Feldern und dem Vogelschutzgebiet Osterwick entlang nach Midlich, wo Sie die Straße überqueren und ihr rechts folgen. Beim Industriegelände weist das Radschild Sie nach links auf den Hasenbusch. Jetzt radeln Sie gemütlich über den Radweg zwischen Maisfeldern und entlang von Obstbäumen bis zur Landstraße. Sie überqueren die Straße, folgen ihr kurz rechts und verlassen sie dann wieder links. Nochmals links kommen Sie schließlich nach Holtwick.

In Holtwick halten Sie sich rechts und radeln mit einem Bogen um die Kirche herum durch den Ort. Lobenswert ist der kurze Abstecher zum Torhaus, einem historischen Fachwerkgebäude mit Rastplatz. In Holtwick folgen Sie dem Wegweiser zum Bahnhof, wo Sie die Gleise auf dem schmalen Rad- und Fußweg überqueren. Ab hier folgen Sie rechts–links den Radtafeln nach Coesfeld zurück durch Wälder, Wiesen und Felder. In Coesfeld radeln Sie geradeaus in den Ort hinein, über den Konrad-Adenauer-Ring und bis zur T-Kreuzung, an der Sie links der Borkener Straße ins Zentrum folgen. Die Route zurück zum Konzerttheater führt geradeaus durch das Zentrum, optimal für einen Rundgang zum Abschluss durch Coesfeld.

20 Zum westfälischen Versailles

Lüdinghausen – Nordkirchen – Selm

leicht | 34 km | 93 Hm | 2.30 Std.

Highlight: Sehenswürdigkeit

Ausgangs- und Endpunkt
Touristeninformation in Lüdinghausen, Borg 4

GPS
51.771291, 7.442334

Anfahrt
Auto: Lüdinghausen liegt circa 14 Kilometer westlich der A1 bei Ascheberg und direkt an der B58 und B235.
Bahn: Regionalbahn in die nähere Umgebung und nach Dortmund (IC, ICE)

Tourencharakter
Rundtour auf asphaltierten Radwegen und teils ungeteerten Uferwegen sowie auf Nebenstraßen

Kombinierbar mit
Route 21 und 22

E-Bike-Ladestation
Lüdinghausen: Markt 7, Münsterstraße 1a und 12, Borg 4 und bei vielen Gastronomie- und Beherbergungsbetrieben. Insgesamt gibt es 18 E-Bike-Ladestationen.

Radverleih
Lüdinghausen Marketing, Borg 4 und E-Bike-Verleih Lüdinghausen, Liudostraße 11

Radkarten
Radwanderkarte Kreis Coesfeld, 1:50 000, BVA Verlag, Bike Media

Information
www.luedinghausen.de; www.schloss.nordkirchen.net

Eine abwechslungsreiche Runde auf Radwegen und stillen Nebenstraßen. Kulturelle Höhepunkte sind die Burg Vischering und das Wasserschloss Nordkirchen, bekannt als westfälisches Versailles. Am Rückweg geht es am Ternscher See vorbei und entlang der Alten Stever zurück nach Lüdinghausen.

Am Ufer der Stever Ab der Touristeninformation folgen Sie dem Wegweiser Nordkirchen und radeln schon bald am schattigen Ufer der Stever. Lüdinghausen ist besonders wasserreich, denn hier teilt sich die Stever und durchfließt die Stadt dreiarmig: als Vischeringsche Stever, Mühlenstever und Ostenstever. Die Vischeringsche Stever speist auf ihrem Weg durch die Stadt die Gräften der Wasserburgen. Südlich der Stadt vereinen die drei Flussarme sich schließlich wieder zur Alten Stever. Kurz nach dem Tourstart bietet sich bereits der erste Höhepunkt: Burg Vischering.

Idyllischer Weg nach Nordkirchen Mit der Burg Vischering im Rücken radeln Sie links durch die Klosterstraße und nochmals links zur Konrad-Adenauer-Straße, die Sie geradeaus überqueren. Durch die Stadtfeldstraße geht es bis zur Ostenstever, wo Sie dem Wegweiser Nordkirchen folgen und auf einen schmalen Uferradweg einbiegen. Sie folgen dem Radweg bis zur stark befahrenen Bundesstraße, der Sie links, vorbei am Supermarkt bis zum Kreisverkehr folgen. Sie nehmen hier rechts den Radweg und biegen die erste Straße, den Stadttannenweg, links ein. Am Ende halten Sie sich rechts. Ab jetzt folgen Sie den Radschildern und Wegweisern nach Nordkirchen. Die genussvolle Route führt nun vorbei an Bauernhöfen, Feldern, Wiesen und einem Golfplatz. Bei der großen Kreuzung überqueren Sie die Straße und folgen an der anderen Straßenseite rechts dem Radweg. An der ersten Straße radeln Sie links nach Nordkirchen hinein. Der Straße folgend gelangen Sie rechts zum alten Dorfkern mit schmucken, barocken Fachwerkhäusern um die Kirche.

Idyllisch bahnt sich die Stever ihren Weg durch die Münsteraner Parklandschaft.

Linke Seite: Am Ufer der Stever im Zentrum von Lüdinghausen

Schloss Nordkirchen Von der Dorfmitte geht es links zum nächsten Höhepunkt: Schloss Nordkirchen. Die barocke Schlossanlage ist vor allem dank ihres großen Landschaftsparks als westfälisches Versailles bekannt. Der Schlosspark ist ganzjährig frei zugänglich und auch mit dem Rad zu besichtigen. Geradeaus durchs Tor und durch die Schlossallee gelangen Sie direkt zur imposanten Rückseite des Schlosses mit Barockgarten und Brunnen. Das Schloss zeigt sich hier von seiner schönsten Seite. Sie radeln links weiter und kommen via Seiteneingang in den Vorhof. Das Schloss selbst ist heute Fachhochschule für Finanzen und nur an Sonn- und Feiertagen mit Führungen zu besichtigen. Durch den gegenüberlie-

Münsterland-Erfahrung

Die fast 800 Jahr alte, runde Wasserburg Vischering ist eine sogenannte Ringmantelburg und macht noch heute mit ihren Gräben und Zugbrücken einen imposanten, wehrhaften Eindruck. Die dicken Mauern mit ihren unterschiedlichen Steinsorten zeugen von mehreren Erweiterungen und Umbauten. Burg Vischering gilt als eine der bedeutendsten und schönsten Wasserburgen ganz Deutschlands. Die Burg ist nicht nur von außen zu besichtigen, sondern beherbergt ein attraktives, kunsthistorisches Museum, das einen Besuch lohnt. Die Dauerausstellung vermittelt einen guten Einblick in das Leben der adeligen Burgbewohner sowie deren erbitterte Kämpfe und blutige Fehden um das Anwesen. Interaktive Medienstationen unterstützen die Geschichten und Objekte zum Anfassen sind nicht nur für Erwachsene interessant. Der Rittersaal zählt zu den Höhepunkten der Dauerausstellung und das Untergeschoss ist ganz auf die jungen Besucher ausgerichtet, die hier spielerisch die Geschichte der Burg kennenlernen und darüber hinaus ihre Kraft an einer echten Ritterrüstung messen können. So wird der Museumsbesuch zur Unterhaltung für die ganze Familie.

genden Seiteneingang des Vorhofs verlassen Sie das Schloss wieder. Sie radeln immer geradeaus durch den Schlosspark an einem Nebengebäude entlang zu einem unscheinbaren Seitentor. Hier geht die Tour auf einem unbefestigten Radweg am Ortsrand von Nordkirchen weiter bis zur Durchfahrtsstraße, die Sie rechts liegen lassen können. Sie nehmen beim Gartenzentrum links die geteerte Nebenstraße, an der Radschilder Sie mit sanftem Auf und Ab nach Selm leiten.

An der Alten Stever Sie folgen den Radschildern durch Selm bis zu den Gleisen, an denen Sie sofort rechts dem Wegweiser Lüdinghausen folgen. Sie radeln um den Ternscher See herum. Jedoch bietet sich erst am Ende des Sees beim Parkplatz freie Sicht aufs Wasser. Hier können Sie links einen Abstecher zum Naturbad mit Sandstrand und Strandcafé machen. Die Radroute verlässt den See aber rechts und führt unterhalb des Dortmund-Ems-Kanals entlang bis zur Kanalbrücke. Sie folgen hier rechts der ruhigen Nebenstraße. Nachdem Sie die Gleise überquert haben, gelangen Sie auf eine Landstraße, der Sie links auf dem separaten Radweg folgen. Bei der nächsten Kreuzung überqueren Sie die Straße rechts und radeln geradeaus auf dem Gutscheinweg weiter. Nach der Kurve halten Sie sich rechts Richtung Hotel Zum Steverstrand. Bald danach gelangen Sie zur Alten Stever. Die Route geht nach einer Linksschleife am anderen Ufer weiter. Ab hier sind es nur noch einige Kilometer immer am Fluss entlang nach Lüdinghausen.

Idyllischer, schattiger Radweg an der Stever beim Schloss Darfeld

Guten Appetit

Schloss Nordkirchen ist ein beliebtes Ausflugsziel. Im Ort ist das kulinarische Angebot denn auch verhältnismäßig groß. Für Kaffee mit hausgemachten Kuchen ist das gemütliche Café Schlaun bei der Kirche eine nette Adresse. Besonders empfehlenswert ist das Schlossrestaurant, nicht nur wegen des Ambientes. Chefkoch Franz Lauter gehört zu den besten Köchen Deutschlands und wurde mit seinem Team bereits mehrmals ausgezeichnet. Im Restaurant gehen Sie auf kulinarische Entdeckungsreise. Solide Imbisse für zwischendurch werden im Bistro angeboten.

21

Zum Venner Moor

Lüdinghausen – Senden – Venner Moor – Ottmarsbocholt

mittel | 45 km | 138 Hm | 4.00 Std.

Highlight: Naturparadies

Ausgangs- und Endpunkt
Parkplatz Kapitelweg/Steverstraße in Lüdinghausen

GPS
51.769947, 7.440594

Anfahrt
Auto: Lüdinghausen liegt circa 14 Kilometer westlich der A1 bei Ascheberg und direkt an der B58 und B235.
Bahn: Regionalbahn in die nähere Umgebung und nach Dortmund (IC, ICE).

Tourencharakter
Rundtour auf asphaltierten Radwegen, Neben- und Wirtschaftsstraßen sowie auf ungeteerten Forstwegen

Kombinierbar mit
Route 20 und 22

E-Bike-Ladestation
Lüdinghausen: Markt 7, Münsterstraße 1a und 12, Borg 4; Senden: Herrenstraße 3 (Bücher Schwalbe), Siemensstraße 2 (Fachmarkt), Münsterstraße 30 (Touristeninformation), Gartenstraße 28 (Radladen) und Eintrachtstraße 4 (Café am Brunnen)

Radverleih
Lüdinghausen Marketing, Borg 4 und E-Bike-Verleih Lüdinghausen, Liudostraße 11

Radkarten
Radwanderkarte Kreis Coesfeld, 1:50 000, BVA Verlag

Information
www.luedinghausen.de; www.senden-westfalen.de

Von Lüdinghausen mit seiner schönen Altstadt und alten Burgen aus leitet diese Radtour durch Bauerschaften zu den Naturschutzgebieten Venner Moor und Davert. Unterwegs können Sie einen Stopp beim Biologischen Zentrum Kreis Coesfeld einlegen und verschiedene Schlösser und Burgen entdecken. Danach führt Sie die abwechslungsreiche Tour in leichtem Auf und Ab zurück.

Burg Lüdinghausen Diese Tour startet in Lüdinghausen bei der gleichnamigen Wasserburg, die Sie gleich zu Beginn oder am Ende dieser Radroute besichtigen können. Die Burg wurde im Mittelalter von den Herren von Lüdinghausen an der Stever errichtet. Die alte Ritterburg kam im 16. Jahrhundert in Besitz des Fürstbischofs von Münster und wurde größtenteils durch ein repräsentatives Herrenhaus im Renaissancestil ersetzt. Blickfang und Stilelemente der Epoche sind die Ornamente

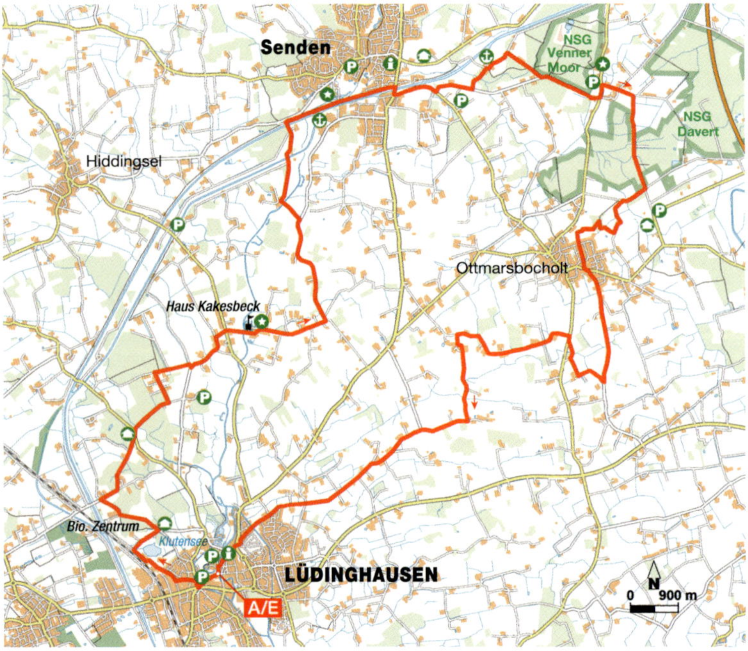

oberhalb der Fenster, sogenannte Fenstergiebel. Sehenswert sind auch das Torhaus und die Brücke über die Gräfte, die zum Innenhof führt. Der Renaissancebau wurde später mit einem Südflügel und Turm erweitert. Heute ist die Burg Eigentum der Stadt Lüdinghausen. Ein Teil der Räume mit ihrem historischen Flair wie der Kapitelsaal werden für Ausstellungen und Events genutzt. Sie sind zu festen Öffnungszeiten zu besichtigen. Die geschleiften Verteidigungsanlagen bilden mit dem Burggraben einen schönen und frei zugänglichen Stadtpark zwischen den Flussarmen. Der Park verbindet Burg Lüdinghausen mit Burg Vischering (siehe Route 20).

Lüdinghausens zweites eindrucksvolles Bauwerk: Burg Lüdinghausen

Von Wasserburg zu Wasserburg Vom Parkplatz bei der Burg Lüdinghausen an der Steverstraße radeln Sie mit dem Parkplatz im Rücken nach rechts durch die Steverstraße und biegen kurz vor der Ampel rechts den schmalen Radweg ein, ausgeschildert mit dem Kleeblatt-Logo 1. Die Radroute schlängelt sich zwischen Häusern hindurch zum Klutensee. Sie folgen dem Ufer links und nehmen links den leicht übersehbaren, kurzen Pfad durch das Gras zur Straße Rohrkamp. Hier halten Sie sich rechts und kurz darauf nochmals rechts. So erreichen Sie das Biologische Zentrum Kreis Coesfeld mit Garten. Hier können Sie einen Stopp einlegen.

Vom Biologischen Zentrum folgen Sie dem Radweg weiter. Kaum haben Sie Lüdinghausen hinter sich gelassen, stoßen Sie im Wald schon auf die erste Einkehrmöglichkeit, das Café Indigo mit schattigem Biergarten. Hier geht es links durch den Wald zur Burg Kakesbeck. Bei der Kreuzung halten Sie sich rechts und radeln kurz danach links an Höfen und Feldern entlang. Nach einem netten Rastplatz folgen Sie links der Radroute auf der Nebenstraße bis zu einem Bauernhof, an dem ein Schild rechts den Weg zur Burg Kakesbeck weist. Diese Wasserburg wurde ebenfalls an der Stever errichtet, gilt als älteste Burg in Lüdinghausen und umfasst mehrere Gebäude. Auch ist die Anlage noch von Teilen der Wehrmauer und von Wällen umgeben. Nur eine Außenbesichtigung der Burg ist möglich. Zur Anlage gehört auch das historische Fachwerkhaus mit Reithalle nebenan, in dem sich heute das renommierte Gestüt Moorhof befindet.

Münsterland-Erfahrung

Das Venner Moor, die Davert und das Biologische Zentrum Kreis Coesfeld beim Klutensee in Lüdinghausen – drei Orte auf der Route zum Thema Natur-, Umwelt- und Klimaschutz. Die Europäische Union fördert und finanziert teilweise Naturschutzprojekte mit unter anderem der Richtlinie zum Fauna-Flora-Habitat und Vogelschutz, nachzulesen unter www.fauna-flora-habitatrichtlinie.de. Das Venner Moor gehört zu einem dieser Schutzgebiete mit einer großen biologischen Vielfalt. Es ist eines der Überreste der ursprünglichen Landschaftsformen des Münsterlandes und zeichnet sich durch Moore, Heideflächen, Seen und Tümpel aus. Das Venner Moor ist auf ausgeschilderten Rundwanderwegen zu erkunden; das Rad muss meistens an der Hand genommen werden.
Südlich und südöstlich der Moorlandschaft breitet sich die Davert aus, eines der größten und letzten historischen Waldgebiete des Münsterlandes. In diesem Projekt wird der Natur freier Lauf gelassen, wodurch sich ein sogenannter »Urwald der Zukunft« entwickeln kann. Zwischen dem Venner Moor und der Davert liegt die NABU-Weidelandschaft Davert und Emmerbachaue, ebenfalls ein geschütztes Gebiet. Und zum Abschluss kann man noch einen Blick in das Biologische Zentrum Kreis Coesfeld werfen, das unter anderem als Bildungseinrichtung fungiert.

Fachwerk-Ensemble im kleinen Ottmarsbocholt

Am Kanal entlang nach Senden Die Kleinstadt Senden ist das nächste Ziel. Von der Burg Kakesbeck folgen Sie dem Radweg weiter. Das Radschild leitet Sie links kurz über einen Privatweg, danach radeln Sie mal durch Wald, mal entlang von Blumenwiesen und Feldern. Sie überqueren die Alte Fahrt, einen stillgelegten Abschnitt des Dortmund-Ems-Kanals, und erreichen dann den richtigen Dortmund-Ems-Kanal. Auf dem anderen Ufer radeln Sie rechts immer am Wasser entlang weiter nach Senden. Die Stever unterquert den Kanal, eine besondere technische Leistung, über die Schautafeln am Radweg informieren. Nach einem Sperrwerk können Sie links nach der kleinen Kapelle einen Abstecher zum Schloss Senden machen, einem Wasserschloss, das ebenfalls an der Stever errichtet wurde. Schloss Senden ist eine dreiflügelige Anlage, geprägt von verschiedenen Baustilen und umgeben von einem schönen Schlosspark.

Wieder zurück am Kanal, folgen Sie ihm bis zur nächsten Brücke, an der Sie links ins Ortszentrum gelangen. Orientieren Sie sich am Kirchturm.

Durch Naturschutzgebiete Die nächste Etappe führt von Senden nach Ottmarsbocholt und hat nur Natur für Sie in petto.

Sie überqueren bei Senden den Kanal auf dem separaten Radweg und biegen danach gleich bei der Ampel links auf die Ottmarsbocholter Straße ein. Kurz darauf in einer Kurve verlassen Sie die Straße nach links auf die Dorfbauerschaft. Sie folgen jetzt den Radschildern an Bauernhöfen vorbei und stoßen schließlich geradeaus auf das Naturschutzgebiet Venner Moor. Sie halten sich rechts und radeln am Rande des Naturschutzgebietes entlang. Am Ende der Straße biegen Sie links auf eine Nebenstraße ein und treffen kurz danach eine Infotafel über das Venner Moor samt Wanderwegen. Bei der Alten Schule gelangen Sie auf eine Landstraße. Sie radeln hier links Richtung Venne und Hotel-Restaurant Venner Moor mit Biergarten, wo Sie ihr Rad abstellen können, um eine Rundwanderung durchs Venner Moor zu machen. Die Radtour geht aber kurz vorm Hotel rechts weiter. In einem Bogen gelangen Sie zum nächsten Naturschutzgebiet: der Davert, einem schattigen Waldgebiet, das Sie geradeaus auf dem Radweg durchqueren. Bei der nächsten Kreuzung halten Sie sich rechts Richtung Ottmarsbocholt. Die Dorfkirche ist am Horizont bereits sichtbar. Den Radschildern folgend, erreichen Sie das Dorf über eine Nebenstraße und später auf einem schmalen Radweg zwischen den Feldern.

Am Ufer des Klutensees in Lüdinghausen

Durch die Allee zurück Das Dorfzentrum von Ottmarsbocholt wird von der Kirche und einigen Fachwerkhäusern geprägt. Sie radeln an der Kirche vorbei, biegen links auf die Dorfstraße Richtung Ascheberg ein und folgen gleich rechts dem Radweg in die Bakelstraße. Mit Blick auf die Holländermühle verlassen Sie den Ort. Die Radroute macht nun einen Bogen durch Agrarland zur stark befahrenen Durchgangsstraße ohne separaten Radweg. Sie halten sich hier rechts und verlassen die Straße wieder bei der ersten Möglichkeit links Richtung Bauernhof und modernen Windmühlen. Der letzte Abschnitt führt in leichtem Auf und Ab durch eine schöne Ahornallee zurück nach Lüdinghausen. Im Ort radeln Sie immer geradeaus und gelangen über die Ostenstever wieder in die Altstadt.

Unten: Das Café Indigo lädt mit seinem schattigen Garten zur Rast ein.

Guten Appetit

Senden eignet sich gut zum Einkehren auf dieser Route. Das Angebot an Restaurants ist divers. Aber vielleicht spricht das Sortiment der Bäckerei Geiping Sie an? Die belegten Brötchen, frischen Salate, Snacks und Kuchen kommen auch bei Radfahrern gut an. Der Familienbetrieb ist im südlichen Münsterland bekannt und bezieht Eier, Mehl und Obst zur Herstellung bevorzugt von Mühlen und Höfen aus der Region. Wie das schmeckt, können Sie im modernen Café oder auf der Außenterrasse mitten in Senden ausprobieren.

22

Durch die Seppenrader Schweiz

Lüdinghausen – Olfen – Seppenrade

schwer | 33 km | 147 Hm | 3.00 Std.

Highlight: Stadtspaziergang

Ausgangs- und Endpunkt
Touristeninformation in Lüdinghausen, Borg 4

GPS
51.771291, 7.442334

Anfahrt
Auto: Lüdinghausen liegt circa 14 Kilometer westlich der A1 bei Ascheberg und direkt an der B58 und B235.
Bahn: Regionalbahn in die nähere Umgebung und nach Dortmund (IC, ICE).

Tourencharakter
Rundtour auf geteerten Radwegen und Nebenstraßen sowie auf unasphaltierten Radwegen an den Ufern

Kombinierbar mit
Route 20 und 21

E-Bike-Ladestation
Lüdinghausen: Markt 7, Münsterstraße 1a und 12, Borg 4 und bei vielen Gastronomie- und Beherbergungsbetrieben. Insgesamt gibt es 18 E-Bike-Ladestationen.

Radverleih
Lüdinghausen Marketing, Borg 4 und E-Bike-Verleih Lüdinghausen, Liudostraße 11

Radkarten
Radwanderkarte Kreis Coesfeld, 1:50000, BVA Verlag, Bike Media

Information
www.luedinghausen.de; https://seppenrade.de

Die Seppenrader Schweiz fordert auch geübte Radfahrer heraus. Die schwierigere Strecke mit grandiosen Ausblicken kommt aber erst am Schluss der Route. Der Start ist gemächlich, die ersten Kilometer verlaufen auf ebenen Radwegen am Wasser entlang. Die Natur steht im Vordergrund. Kultur wartet am Ende bei einem Spaziergang durch die Altstadt von Lüdinghausen.

Auf zum Kanal In Lüdinghausen folgen Sie ab der Touristeninformation anfangs dem Wegweiser Nordkirchen. Durch den Park werden Sie so zur Konrad-Adenauer-Straße geleitet, die Sie geradeaus überqueren. Schon nach wenige Minuten erreichen Sie die Ostenstever, die später in die Alte Stever mündet. Sie folgen dem Fluss stadtauswärts durch herrliche Uferlandschaft. Circa 1,5 Kilometer außerhalb der Stadt verlassen Sie die Stever nach links, dann geht es rechts über eine Brücke.

Historische Bahntrassen-Brücke bei Olfen

Klein, aber fein: die gemütliche Terrasse des Hofladens Tenkhoff

Sie halten sich an der T-Kreuzung links, überqueren kurz danach geradeaus die Straße und folgen den Radschildern, die Sie über die Gleise zum Dortmund-Ems-Kanal leiten. Direkt vor der Kanalbrücke ist zwischen den Bäumen ein besonderer Bauernhof sichtbar: Hof Grube. Er gilt als das älteste Fachwerkbauernhaus Norddeutschlands, ist aber nur von außen zu besichtigen.

Sie folgen jetzt der ausgeschilderten Radroute mit dem Kleeblatt-Logo, überqueren den Kanal und radeln gemütlich Richtung Olfen am Kanal und der Alten Fahrt, einem stillge-

Guten Appetit

Kurz vor Olfen lohnt sich ein Abstecher zum Steverstrand. An dem kleinen Sandstrand liegt der Hotel-Gasthof Zum Steverstrand mit gemütlichem Biergarten. Hier gibt es Genuss mit Aussicht. Traumhaft ist der Blick zurück auf die Radstrecke mit der malerischen alten Bogenbrücke über die Stever. Für eine Verschnaufpause eignet sich auch der Hofladen Tenkhoff nahe der Lippe. In dem urigen Hofladen am Radweg erwarten Sie saisonales Obst, frisches Brot und Wurstwaren sowie Kaffee und leckere Kuchen.

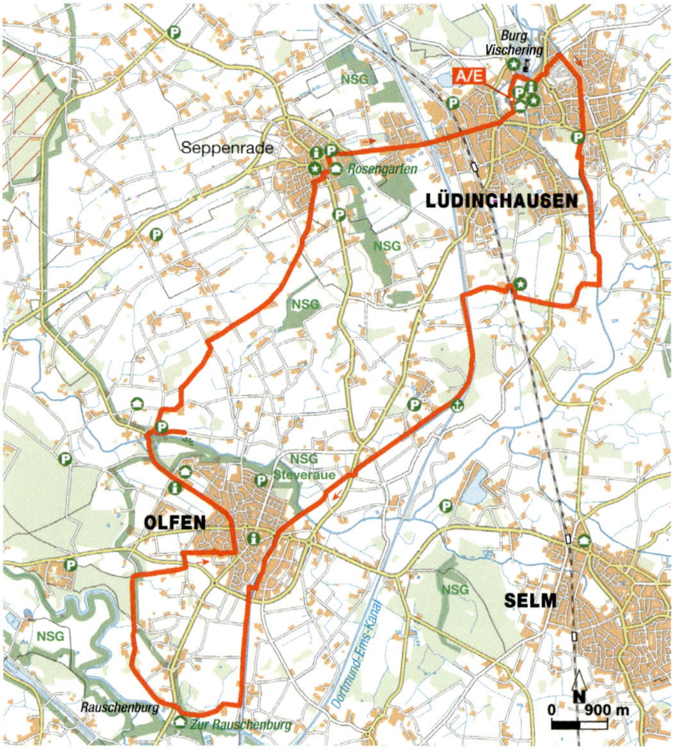

legten Teil des Kanals, entlang. Heute ist die Alte Fahrt ein idyllischer Ort mit der Marina Olfen und einem bemerkenswerten historischen Sperrwehr. Nach diesem Denkmal geht die Route links und sofort rechts weiter. Wo früher der Kanal verlief, ist heute ein Dammweg angelegt mit herrlichen Fernblicken. Über eine gut erhaltene steinerne Bogenbrücke erreichen Sie Olfen, das Sie später noch durchqueren. Sie bleiben auf dem Dammweg und radeln entlang der Alten Fahrt Richtung Lippe. Sie überqueren den Fluss aber nicht, sondern folgen circa drei Kilometer nach Olfen rechts der Nebenstraße Lehmhegge. Dieser Weg ist nicht ausgeschildert!

Entlang der Lippe- und Steverauen Sie überqueren die Landstraße geradeaus und radeln ab nun am Waldesrand des Naturschutzgebietes Lippeaue entlang. Sie folgen weiter der Kleeblatt-Route zurück nach Olfen, wo der Radweg quer durch den Ort zur Kökelsumer Straße führt, der Sie auf dem Radweg stadtauswärts folgen. Beim Landhaus Füchtelner Mühle halten Sie sich rechts. Hier können Sie rechts einen kurzen Abstecher (circa 500 Meter) zur Floßanlegestelle in den Steverauen machen, wo ein netter Rastplatz wartet. Vom kleinen Aussichtsturm bietet sich ein schöner Blick auf die Stever, die Flöße und die Storchenbrutplätze im Vogelschutzgebiet. Gönnen Sie sich hier oder im Landhaus Füchtelner Mühle eine kurze Pause, bevor Sie die nächste Etappe der Kleeblatt-Route antreten.

Durch die Seppenrader Schweiz zum Rosengarten Die Route führt von der Füchtelner Mühle auf ruhigen Nebenstraßen, aber mit ordentlichen Steigungen über die Hügel der Seppenrader Schweiz entlang von Höfen und Feldern. Die Mühe wird mit grandiosen Aussichten belohnt. Letztes Ziel vor Lüdinghausen ist das Rosendorf Seppenrade. Von der Seppenrader Schweiz aus stoßen Sie im Ort auf die Dattelner Straße, in die Sie links einbiegen und die Sie bei der Ampel sofort wieder rechts verlassen. Sie folgen jetzt der Mollgasse bis zum letzten Stopp, dem Rosengarten. Er ist mit seinen Hunderten Rosensorten in unterschiedlichsten Farben weit über die Landesgrenzen hinaus bekannt. Der Garten wird ehrenamtlich gehegt und gepflegt von den sogenannten Rosenfrauen und -männern. An Wochenenden finden regelmäßig Blumen- und Bauernmärkte oder Konzerte auf der Bühne im Garten statt. Der Rosengarten ist frei zugänglich. Am besten besuchen Sie ihn in den Sommermonaten, dann ist der Garten ein Blumenmeer. Rechts am Rosengarten vorbei, radeln Sie zur Bundesstraße. Lüdinghausen ist über den Radweg in wenigen Minuten wieder zu erreichen.

Blütenpracht im Seppenrader Rosengarten

Münsterland-Erfahrung

Lüdinghausen tauchte erstmals im 9. Jahrhundert in einer Urkunde auf. 974 erhielt der Ort das Marktrecht, 1309 das Stadtrecht. 1443 kam Lüdinghausen zum Hochstift Münster, 1499 zum Domkapitel Münster. Im 17. Jahrhundert war die Stadt Schauplatz vieler Hexenprozesse, Hinrichtungen und Verbrennungen. Anfang des 19. Jahrhunderts wurde aus Lüdinghausen eine Kreisstadt, die sich langsam zum Zentrum der umliegenden Gemeinden entwickelte. Die bewegte Geschichte der Stadt spiegelt sich in vielen Bauten wider, allen voran in der Burg Vischering, die bei Route 20 beschrieben wird. In der kleinen historischen Altstadt sind neben Fachwerkbauten vor allem das klassizistische Rathaus aus dem 19. Jahrhundert, die alte Wassermühle an der Stever und das Hakehaus bei der Pfarrkirche Sankt Felizitas, ein ehemaliges Armenhaus, das heute ein Jugendzentrum ist, sehenswert. Am Ortsrand erhebt sich die Burg Lüdinghausen, ein schöner Renaissancebau aus dem 12. Jahrhundert, der fachkundig und liebevoll restauriert wurde und heute für unterschiedliche, kulturelle Veranstaltungen und offizielle Empfänge genutzt wird.

23

Um die Stauseen

Haltern am See – Halterner Stausee – Hullerner Stausee

leicht | 25 km | 119 Hm | 2.00 Std.

Highlight: Sehenswürdigkeit

Ausgangs- und Endpunkt
Wanderparkplatz Haltern am See, Hullerner Straße 38

GPS
51.742361, 7.197306

Anfahrt
Auto: Haltern am See liegt direkt an der A43 und der B58. Bahn: Regionalbahnen nach Dülmen und Münster (IC, ICE) sowie S-Bahn ins Ruhrgebiet.

Tourencharakter
Rundtour auf meist unasphaltierten Radwegen und Forstwegen entlang der Seeufer

Kombinierbar mit
Route 24

E-Bike-Ladestation
Haltern am See: 3 Stationen an der Hullerner Straße auf Nr. 52 (Restaurant Seeterrassen), 102 (Restaurant Seehof) und 107 (Biergarten Jupp); 3 Stationen auf dem Stockwieser Damm Nr. 255, 263 und 291 sowie 7 Ladestationen in der Stadt

Radverleih
Haltern am See: Radstation, Roost-Warendin-Platz 5; Niehues am Heimingshof, Aalweg 11

Radkarten
Radwanderkarte Kreis Borken, 1:50000, BVA Verlag, Bike Media

Information
www.haltern-am-see.de; www.lwl-roemermuseum-haltern.de

Eine abwechslungsreiche Fluss- und Seenlandschaft macht den Reiz dieser Radrunde aus. Die Route folgt den waldreichen Ufern des Halterner und Hullerner Sees und bietet manchmal schöne Seeblicke. Die idyllische Stever speichert und verbindet beide Seen. Zum Abschluss können Sie die Radroute mit einer Besichtigung von Haltern am See verbinden.

Am Südufer des Halterner Sees Der Halterner Stausee ist mit drei Kilometern Länge einer der größten Seen der Region. Der Stausee wurde im Jahre 1930 angelegt und später vergrößert, um über eine Million Menschen im Münsterland und im angrenzenden Ruhrgebiet mit Wasser zu versorgen. Der See ist übrigens auch eines der größten archäologischen Fundkomplexe des Münsterlandes. Beim Ausbau wurden Tausende Funde aus der Steinzeit an die Oberfläche gebracht. Aber heutzutage

Markt mit historischem Rathaus in Haltern am See

Terrasse des Restaurants Stadtmühle am Haltener Stausee

ist der Halterner See vor allem Erholungsgebiet. Bei schönem Wetter sind der Sandstrand und die Wasserfläche recht belebt.

Die erste Etappe führt am Südufer des Sees entlang. Sie folgen vom Wanderparkplatz dem Radweg Richtung Hullern, vorbei am Strandbad. Direkt am beliebten Ausflugslokal und Biergarten Jupp mit dem Kletterwald Haltern für Kinder halten Sie sich links und folgen dem Rad- und Wanderweg am Ufer. Die Etappe bietet teilweise freie Sicht auf den See.

Zur Stever Sie kehren dem Halterner Stausee alsbald den

Guten Appetit

Wer eine Runde um einen See plant, träumt meist von Einkehren am Wasser. Ein gut besuchtes Ausflugslokal unterwegs um den Stausee ist Jupp's Biergarten. Geboten wird Hausmannskost mit ein wenig Seeblick zwischen den Bäumen hindurch. Wohl fühlt man sich auch mit einem Drink am Wasser bei den einfachen Bootsverleihern unterwegs. Ein fantastischer Seeblick erwartet Sie erst am Ende der Runde im Restaurant Stadtmühle. Klassiker wie Schnitzel, Steaks und Salatteller werden von Vormittag bis nach Sonnenuntergang serviert.

Rücken und gelangen am Vogelschutzgebiet Seebucht Hohe Niemen entlang zum Durchgangsweg, an dem Sie bei der Ampel die Straße geradeaus überqueren. An der anderen Straßenseite folgen Sie dem Radweg rechts und biegen direkt links zum Hotel ab. Sie radeln geradeaus über den Hotelparkplatz weiter, folgen der Tour durch den Wald und gelangen so zum Ufer der Stever. Die Strecke verläuft jetzt auf einen Waldweg durch wunderschönen Auenwald bis zum Bootsverleih. Hier steigt die Route rechts kurz an zur Straße, der Sie links an ei-

Münsterland-Erfahrung

Das Zentrum von Haltern am See ist klein und zu Fuß leicht zu erkunden. Ab dem zentral gelegenen Markt kann man in circa 1,5 Stunden einen schönen Rundgang durch die Altstadt machen. Die Touristeninformation im Alten Rathaus am Markt hält dafür einen Stadtplan parat, der Sie zu den historisch interessantesten und beeindruckendsten Bauwerken und Plätzen von Haltern am See bringt. Nicht genügend Zeit für einen ausgedehnten Rundgang? Dann sollten Sie wenigstens zum Marktplatz radeln mit gemütlichen Terrassencafés und einen Blick auf das Rathaus werfen, das ursprünglich 1575 errichtet, aber nach der völligen Zerstörung im Zweiten Weltkrieg in abweichender Form wiederaufgebaut wurde. Gegenüber dem Rathaus erhebt sich die sehenswerte neugotische Sixtuskirche mit einem beeindruckenden Antwerpener Altar aus dem 16. Jahrhundert und einem Kruzifix aus dem 14. Jahrhundert. Keinesfalls sollten Sie den Besuch des Römermuseums mit seinen rund 1200 Exponaten auslassen. Es befindet sich in der Weseler Straße 100, ungefähr an jener Stelle, an der sich vor rund 2000 Jahren eine der wichtigsten militärischen Anlagen der Römer befand.

ner Häuserzeile entlang folgen. Sie halten sich nochmals links und stoßen dann auf das Ausflugslokal Heimingshof, an dem Sie rechts durch den Wald am Ufer des Hullerner Sees weiterradeln.

Um den Hullerner See Viel ruhiger wird es nun am Hullerner Stausee. Er wurde im Jahre 1985 fertiggestellt und liegt malerisch im Naturpark Hohe Mark. Der See ist bis zu acht Meter tief, aber Baden ist hier wegen der Trinkwassergewinnung strengstens verboten. Nur Wanderer und Radfahrer besuchen deswegen den See. Den Ort Hullern sehen Sie lediglich aus der Ferne, er liegt dort, wo die Dorfkirche über die Felder und Dächer herausragt.

Bei einer Kapelle halten Sie sich links und gelangen so direkt ans Seeufer. Über die Rad- und Fußgängerbrücke mit schönem Seeblick erreichen Sie das andere Ufer. Sie radeln jetzt geradeaus bis zur Asphaltstraße, der Sie links folgen, etwa parallel am Stausee. Weiter geht es durch das Naturschutzgebiet Borkenberg auf einem sandigen Forstweg bis zum Stauwehr. Hier begegnen Sie wieder der Stever, deren Nordufer von schönen Häusern gesäumt wird.

Hier kann man vom Rad ins Tretboot steigen und den Haltener Stausee erkunden.

Am Nordufer des Halterner Sees Sie stoßen dann auf die Durchgangsstraße, die Sie überqueren und der Sie danach rechts folgen. So gelangen Sie zum gut ausgebauten Radweg am unbebauten und waldreichen Nordufer des Halterner Stausees. Hier lassen sich das ganze Jahr hindurch Wasservögel wie Gänse und Enten, Haubentaucher und Graureiher, aber auch Kormorane beobachten. Am Ende der Strecke passieren Sie den Halterner Jachthafen, an dem ein Restaurant am Ufer viele Radfahrer und Wanderer zum Einkehren verlockt. Die Radroute geht geradeaus weiter, unter den Gleisen hindurch. Den Radschildern nach links folgend, gelangen Sie über den Bergweg schließlich ins Ortszentrum von Haltern am See. Orientieren Sie sich einfach am Turm der Sixtuskirche.

24

Entlang der Silberseen nach Dülmen

Haltern am See – Sythen – Dülmen

leicht	24 km	122 Hm	2.00 Std.

Highlight: Sehenswürdigkeit

Ausgangs- und Endpunkt
Parkplatz Hellweg 222 (Strandallee), Haltern am See

GPS
51.755450, 7.206659

Anfahrt
Auto: Haltern am See liegt direkt an der A43 und der B58. Bahn: Regionalbahnen nach Dülmen und Münster (IC, ICE) sowie S-Bahn ins Ruhrgebiet.

Tourencharakter
Rundtour auf asphaltierten, teils ungeteerten Rad- und Forstwegen sowie geteerten Neben- und Wirtschaftsstraßen

Kombinierbar mit
Route 23

E-Bike-Ladestation
Haltern am See: 3 Stationen an der Hullerner Straße auf Nr. 52 (Restaurant Seeterrassen), 102 (Restaurant Seehof) und 107 (Biergarten Jupp); 3 Stationen auf dem Stockwieser Damm Nr. 255, 263 und 291; Sythen: Café Pfeiffer, Am Wehr 71; Camping Drügen-Kamp, Sythener Straße 284

Radverleih
Haltern am See: Radstation, Roost-Warendin-Platz 5; Dülmen: Vermietung am Bahnhof, Bahnhofstraße 50

Radkarten
Radwanderkarte Kreis Borken, 1:50 000, Bike Media

Information
www.haltern-am-see.de; www.duelmen.de

Auf dieser Radtour entdecken Sie die Umgebung von Haltern am See. Sie führt in nördliche Richtung durch das beschauliche Sythen zum Naturschutzgebiet Silberseen und weiter in die Kleinstadt Dülmen. Nach einem Stopp in der Innenstadt geht die Route am Fuße der Borkenberge und am Schloss Sythen vorbei wieder zurück, wonach Sie die Radrunde am Halterner Stausee ausklingen lassen können.

Durch Sythen Vom Startpunkt, dem Parkplatz am Hellweg, nehmen Sie rechts den Radweg entlang dem Hellweg zur circa zwei Kilometer entfernten Ortschaft Sythen. Im Dorf radeln Sie geradeaus bis zum Kreisverkehr. Dort biegen Sie links ab Richtung Dülmen. Sie folgen dann der von schönen Fachwerkhäusern gesäumten Dorfstraße und biegen bei der ersten Möglichkeit rechts ab. Sie radeln jetzt auf den Brinkweg, bis das Radschild Sie rechts auf den Kuhlenweg leitet. An Feldern entlang, erreichen Sie die Ortschaft Lehmbraken. Sie folgen hier der Straße immer geradeaus und gelangen so zum Silbersee III.

Die Silberseen In den Wäldern nördlich von Lehmbraken liegen die Silberseen. Sie sind durch die Gewinnung von Quarzsand entstanden. Für Strandleben, Badevergnügen und Wassersport ist der Silbersee II das richtige Ziel. Silbersee III ist heute ein Naturschutzgebiet und bestens geeignet für Wanderer und Radfahrer. Die Route folgt dem Radweg am stillen Ostufer des Sees. Am Ende des Sees nehmen Sie den zweiten Weg links, den Sandweg. Den Radschildern folgend, gelangen Sie rechts–links zur Durchgangsstraße im Ort Hausdülmen. Sie überqueren die Straße geradeaus und verlassen Hausdülmen über den Waldgarten. An der Kreuzung ignorieren Sie das Radschild geradeaus auf den Kiesweg. Stattdessen folgen Sie der Asphaltstraße rechts und überqueren einen Bach. Jetzt geht es immer geradeaus bis nach Dülmen. Am Wildpark mit Rotwild entlang gelangen Sie schließlich ins Zentrum des Städtchens.

Dülmens Marktplatz eignet sich gut für eine Pause.

Durch Dülmen An der Ampel halten Sie sich rechts, wonach Sie kurz danach links einen Abstecher in die Innenstadt machen können. Dülmen kennt zwar eine jahrhundertelange Geschichte, aber der historische Ortskern wurde am Ende des Zweiten Weltkrieges durch Bombenangriffe der Alliierten fast komplett

Münsterland-Erfahrung

Aus der Ferne wirkt Schloss Sythen keineswegs beeindruckend. Denn durch den Abriss des Herrenhauses und der Wirtschaftsgebäude durch den Caritasverband Recklinghausen 1971 blieb von der Anlage nur wenig übrig. Nichtsdestotrotz sollten Sie einen Blick in den frei zugänglichen Innenhof mit gepflegtem Schlossgarten werfen. Die Anlage wird von vielen Freiwilligen aus der Stadt liebevoll gepflegt. Durch das Fachwerktorhaus aus dem 16. Jahrhundert gelangt man in die Anlage. Gegenüber dem Tor befindet sich das Kapellenhaus aus dem 14. Jahrhundert. Beide Gebäude wurden vom Abriss verschont, zwischen 1998 und 2002 aufwendig restauriert und dienen heute als Orte für diverse Veranstaltungen.

Basis des Schlosses war eine germanische Wasserburg, die im 8. Jahrhundert erstmals in einer Urkunde auftauchte. Die Burg spielte damals eine große Rolle in den Auseinandersetzungen zwischen Franken und Sachsen. Nach zahlreichen Besitzerwechsel in den darauffolgenden Jahrhunderten kam das Schloss Ende der 1970er-Jahre in die Hände eines Immobilienmaklers, der sein Bauvorhaben aber nicht umsetzen konnte. Sythen erwarb 1989 das Anwesen und begann rund zehn Jahre später mit der Restaurierung.

zerstört. Nett ist das Städtchen trotzdem, etwa um am Marktplatz mit dem alten Brunnen zu verweilen und den Blick auf das wiederaufgebaute Rathaus neben der Kirche zu genießen. Für einen Einkaufsbummel eignet sich die Innenstadt ebenfalls bestens. Sehenswert ist zudem das Lüdinghauser Tor, der einzige erhaltene Teil der ehemaligen Stadtbefestigung und das Wahrzeichen der Stadt.

Guten Appetit

Glasnudelsalat, Thai-Curry mit Reis, gebratene Nudeln oder die vietnamesische Suppe Pho: Im Bock auf Wok in Dülmen wird Ihnen ein Mix aus vietnamesischer, chinesischer und thailändischer Küche serviert. Auch Sushi steht auf der Karte. Der Koch bereitet seine Gerichte vor Ihren Augen in modernem Ambiente zu, da kommt schon fast asiatische Großstadtatmosphäre hoch. Die Gerichte können auch im nahe gelegenen Biergarten Bock auf Bar genossen werden.

Sie verlassen die Innenstadt durch das monumentale Tor und biegen kurz danach rechts ab auf die Straße Am Schlossgarten. Nach einer Rechtskurve gelangen Sie auf den Mühlenweg, dem Sie links Richtung Haltern am See folgen. An der T-Kreuzung halten Sie sich links. Sie radeln unter den Gleisen hindurch und biegen dann sofort rechts auf die

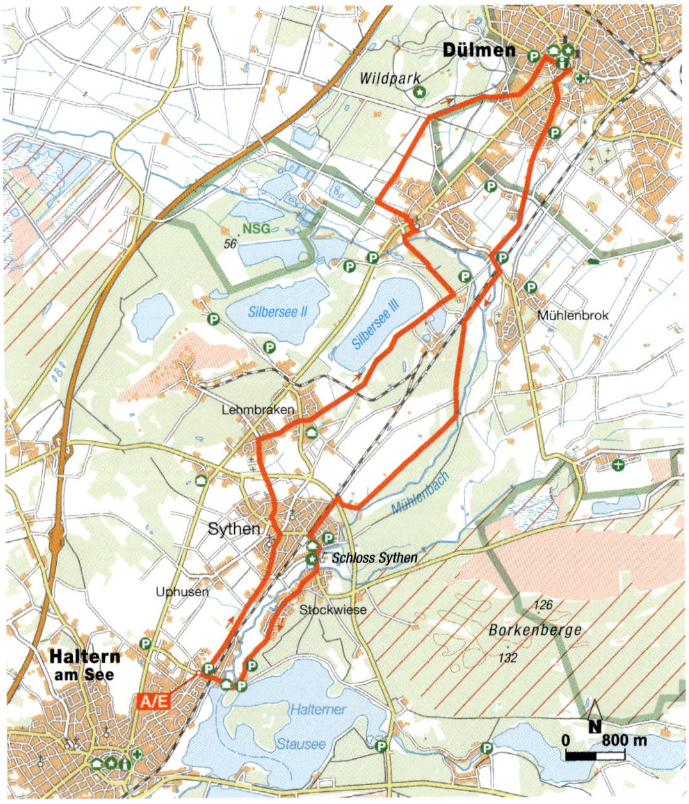

Nebenstraße ein. Die Radwegweiser führen Sie nun gemütlich durch ein Mosaik aus Feldern, Wiesen und Waldstücken zurück nach Sythen. Die Strecke verläuft am Fuß der Borkenberge, die bereits im Naturpark Hohe Mark liegen, und folgt damit der 100-Schlösser-Route.

Über das Schloss Sythen retour Zurück in Sythen streift die Radroute die Ortschaft dieses Mal nur am Rande. Sie folgen links den Gleisen und halten sich ungefähr beim Bahnhof wieder links. Sie erblicken jetzt das Wasserschloss Sythen, das sicherlich einen kurzen Stopp wert ist. Sehenswert ist auch die gegenüberliegende historische Wassermühle, in der an manchen Tagen Kaffee und Kuchen angeboten werden und die dann zu einer kurzen Rast einlädt.

Sie radeln vom Schloss Sythen weiter Richtung Haltern am See und biegen nach der Brücke rechts in die Blumenstraße ein. Den Radtafeln folgend, stoßen Sie bald auf den Halterner Stausee, an dem Sie rechts abbiegen. Am Restaurant Stadtmühle entlang und unter den Gleisen hindurch erreichen Sie geradeaus wieder den Hellweg und dort rechts den Parkplatz.

Links: Schloss Sythen ist zwar nur noch teilweise erhalten, aber einen Stopp wert.

Rest der Dülmener Stadtbefestigung: das Stadttor

Jowey Joshua
Nr 306
Sandra
Nr 307

Westmünsterland

Radlergruppe auf dem Radweg im Zwillbrocker Venn (o. li.). Fachwerk vom Feinsten im Stift Asbeck (o. re.). Wegweiser und Infotafel an der Bocholter Aa (u. re.). Liegestuhl im Dahliengarten von Legden (u. li.).

25 Zum Wasserschloss Raesfeld

Borken – Raesfeld

leicht | 30 km | 87 Hm | 2.30 Std.

Highlight: Sehenswürdigkeit

Ausgangs- und Endpunkt
Parkplatz beim Bahnhof in Borken, Bahnhofstraße 23

GPS
51.848458, 6.864869

Anfahrt
Auto: Borken liegt an der B70 und nahe der Autobahn A31 und dann weiter auf der B67.
Bahn: Regionalbahn ab dem Ruhrgebiet.

Tourencharakter
Rundtour auf asphaltierten Wirtschaftswegen, Nebenstraßen und Radwegen

Kombinierbar mit
Route 26 und 27

E-Bike-Ladestation
Borken: Ladestation am Markt 12 und bei den Gasthöfen Am Alten Rathaus, Heilig-Geist-Straße 14, Hülsdünker, Brinkstraße 15 und Lindenhof, Raesfelder Straße 2

Radverleih
Borken: Touristeninformation, Neutor 5

Radkarten
Radwanderkarte Kreis Borken, 1:50 000, BVA Verlag, Bike Media

Information
www.borken.de; www.akademie-des-handwerks.de

Eine ausgeglichene Kombination von Land und Kultur, so lässt sich diese Tour am besten zusammenfassen. Sie führt durch beschauliches Gebiet südlich von Borken mit einem imposanten Höhepunkt: dem Schloss Raesfeld, das diese Radtour allemal lohnenswert macht.

Zur Isselquelle Die Tour startet am Bahnhofsparkplatz in Borken. Der Wegweiser Raesfeld führt Sie links durch die Bahnhofstraße zum Kreisverkehr. Hier radeln Sie geradeaus weiter durch die Straße Wilbecke ins Zentrum, an der Sie links auf dem Radweg Richtung Raesfeld abbiegen. Sie folgen dem Radweg, den Wegweisern und Radtafeln durch Borken und radeln unter der Bundesstraße hindurch. Direkt nach der Unterquerung nehmen Sie rechts den Weg Sonnenbrink und nochmals rechts den Haus-Döring-Weg. Gut Döring und seine alte Mühle

Lohnt einen kurzen Stopp: das Freiluftmuseum in Marbeck

Schattenreicher Radweg in der Umgebung von Borken

sind zwischen den Bäumen sichtbar, aber in Privatbesitz und nur aus der Ferne zu besichtigen. Sie stoßen dann auf die Bundesstraße, der Sie links auf dem separaten Radweg folgen. Den nächsten Radwegweiser beachten Sie nicht, er führt rechts über holperige Radwege. Stattdessen radeln Sie noch etwa einen Kilometer geradeaus weiter und biegen dann rechts beim Wegweiser Rogeriushaus auf die Rogeriusstraße ein. Sie folgen nun dieser ruhigen Nebenstraße und passieren Bauernhöfe, Felder und die Isselquelle. Ein netter Rastplatz an der Quelle lädt zu einem kurzen Stopp mit Blick auf den Ursprung des Flusses ein.

Guten Appetit

Die Freiheit gegenüber von Schloss Raesfeld ist ein wirklich traumhaft schöner Rastplatz und liegt direkt an der Radroute. Das historische Ambiente überrascht Ausflügler. Eine Pause einlegen ist hier fast Pflicht. Die Lokale in den alten Gebäuden sind gut besucht, die Terrassen mit Blick auf die Ritterburg sind am Wochenende schnell voll. Wer Lust auf Frühstück oder Mittagessen hat, auf ein Bier oder eine Limonade, auf deftige Kost oder süße Versuchung, beim Schloss Raesfeld ist für jeden Geschmack und zu jeder Tageszeit etwas dabei.

Münsterland-Erfahrung

Der Ursprung des heutigen Wasserschlosses Raesfeld führt bis ins 12. Jahrhundert zurück. Zunächst als Ritterburg errichtet, kam das Anwesen der Grafen von Raesfeld gegen Ende des 16. Jahrhunderts in den Besitz des blaublütigen Geschlechts von Velen, das die Burg ab Mitte des 17. Jahrhunderts nach und nach in ein Renaissance-Schloss umbauen ließ. Mit dem Tod des letzten Grafen von Velen Mitte des 18. Jahrhunderts starb gleichzeitig auch das Geschlecht der Velen aus. Danach blieb das Schloss oft unbewohnt und verfiel allmählich. Im 19. Jahrhundert wurden Teile des Schlosses abgerissen und die gesamte Anlage wurde als landwirtschaftlicher Gutshof genutzt. Nach dem Zweiten Weltkrieg begann die Restaurierung und es zog die Handelskammer von Nordrhein-Westfalen in die altehrwürdigen Mauern ein. Heute beherbergt das Schloss die Ausbildungsstätte der Handwerkskammer, viele Räume und der Innenhof werden für kulturelle Veranstaltungen genutzt.

In Raesfeld Über den Vennekenweg erreichen Sie Raesfeld. Beim Kreisverkehr radeln Sie geradeaus über den Hohen Weg und biegen bei der Kreuzung rechts in die Straße Sankt Sebastian ein, die zur Schlossallee führt. Das Schloss steht am Südrand von Raesfeld in einer hübschen mittelalterlichen Siedlung und macht mit seinen Türmen, Brücken und farbenfrohen Fensterläden einen wirklich märchenhaften Eindruck. Zum Schloss gehört auch ein Tiergarten aus dem 17. Jahrhundert, heute ein frei zugänglicher Naturpark mit modernem Besucherzentrum. Sie können einen Abstecher zum Tiergarten machen und ihn über Wander- und Radwege erkunden. Ansonsten radeln Sie vom Schloss zurück zur Schlossallee, an der Sie dann den Wegweisern zur Ortsmitte folgen. Der kleine Ortskern befindet sich um die alte Kirche, an der Sie links der Borkener Straße in nördlicher Richtung folgen und Raesfeld verlassen.

Kneippkur in Marbeck Von Raesfeld geht es über eine ruhige Nebenstraße durch Agrarland und entlang von Bauernhöfen zum nächsten Ziel, dem Dorf Marbeck. Die Route ist anfangs nicht ausgeschildert. Am Ortsrand von Raesfeld biegen Sie zwischen den Bauernhöfen rechts in den Heetwissenweg ein, überqueren die Bundesstraße auf einer Brücke und radeln danach gleich links auf der Schulten Matt, bis Sie anstoßen. Sie folgen dann rechts dem Siepenweg und an der Gabelung wiederum rechts der Hessebree bis zur zweiten Kreuzung. Hier biegen Sie rechts auf den Hungerweg ein, der Sie nach

Marbeck führt. Sie folgen jetzt der Agri-Cultura-Radroute mit dem AC-Logo. Direkt am Radweg in Marbeck stehen rechts das denkmalgeschützte Haus Engelrading und gegenüber ein sehr sehenswertes Heimathaus. Es ist ein Fachwerkgebäude inmitten eines hübschen Gartens mit Schuppen, einem Rastplatz und einem frei zugänglichen Wassertretbecken. Nach der gratis Kneippkur können Sie erfrischt und mit neuer Energie die letzte Etappe angehen. Sie folgen weiter dem AC-Logo Richtung Borken, am Bahnhof Marbeck vorbei, über die Gleise links, dann rechts, bis sie anstoßen. Hier fahren Sie links am Rand von Heiden zurück nach Borken. Wieder in der Stadt, gelangen Sie dem Wegweiser folgend über den Radweg ins Ortszentrum und zum Bahnhof zurück.

Ein Wegweiser leitet vom Radweg direkt zur Quelle der Issel bei Raesfeld.

Unten links: Pulverturm in Borken

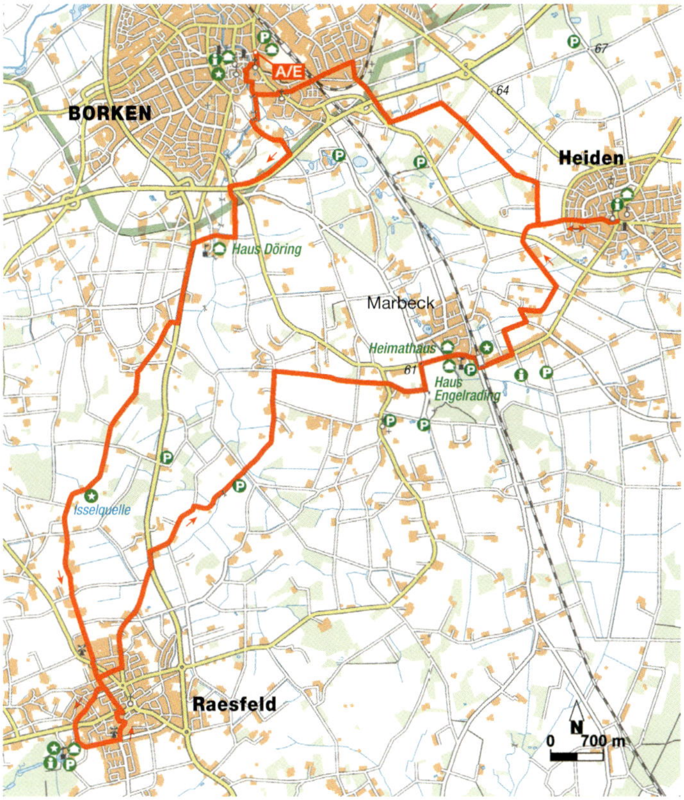

26

Zur Quelle der Aa

Gemen – Ramsdorf – Velen

mittel | 30 km | 112 Hm | 2.30 Std.

Highlight: Sehenswürdigkeit

Ausgangs- und Endpunkt
Parkplatz in der Cordulastraße 14, Gemen, Borken

GPS
51.860065, 6.866381

Anfahrt
Auto: Gemen liegt an der B70 und nahe der Autobahn A31 und dann weiter auf der B67. Bahn: Regionalbahn ab dem Ruhrgebiet (Bahnhof Borken).

Tourencharakter
Rundtour auf asphaltierten Wirtschaftswegen, Nebenstraßen und Radwegen. Kleine Abschnitte sind ungeteert.

Kombinierbar mit
Route 25 und 27

E-Bike-Ladestation
Borken: Ladestation am Markt 12 und bei den Gasthöfen Am Alten Rathaus, Heilig-Geist-Straße 14, Hülsdünker, Brinkstraße 15 und Lindenhof, Raesfelder Straße 2; Gemen; Ramsdorf: Drönings Landcafé, Krückling 20; Velen: Hotel Zum Tiergarten, Rekener Straße 50

Radverleih
Borken: Touristeninformation, Neutor 5; Ramsdorf: Fahrrad Funke, Lange Straße 29; Velen: Zweirad Büchter, Coesfelder Straße 37

Radkarten
Radwanderkarte Kreis Borken, 1:50 000, BVA Verlag

Information
www.borken.de; www.velen.de

Von Gemen aus erkunden Sie den Aa-Radweg in Richtung Velen und entdecken dabei den Ursprung der Bocholter Aa. Natur steht im Vordergrund, aber der Fluss schlängelt sich an sehenswerten Orten und Schlössern vorbei. Die Route macht eine Acht und führt dabei quer durch die Münsteraner Parklandschaft.

Schöner Start an der Burg Gemen Mit dem Parkplatz in der Cordulastraße in Gemen im Rücken überqueren Sie die Straße und steigen am Flussufer in die Radroute Bocholter Aa ein. Der Radweg führt Sie rechts an der imposanten Wasserburg Gemen entlang, bereits eine gute Gelegenheit, um den frei zugänglichen Vorhof und Burghof eventuell zu besichtigen. Beim Sportplatz halten Sie sich links und machen einen Bogen um das Schloss, bevor Sie über die Bocholter Aa und durch einen

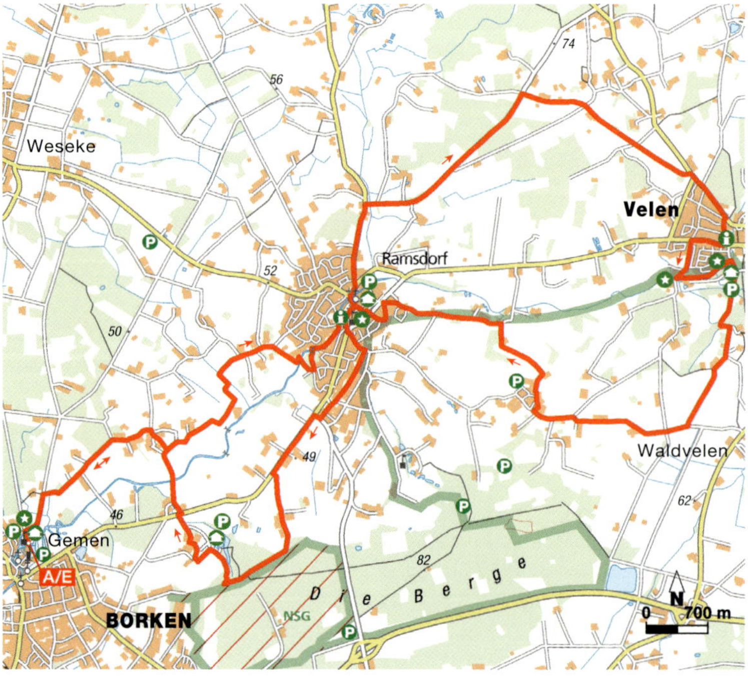

Unterwegs am Radweg entlang der Bocholter Aa

Münsterland-Erfahrung

Der erste Blick auf die Schlossanlage Gemen lässt den Schluss zu, dass es sich hier um eine typische Wasserburg handelt, was zunächst auch stimmt. Denn die Basis war eine Wasserburg, die vor etwa 900 Jahren durch die Herren von Gemen errichtet wurde. Ab dem 15. Jahrhundert wurde die Befestigung stetig vergrößert und erhielt im 17. Jahrhundert im Wesentlichen ihr heutiges Aussehen als Schloss. Mitte des 20. Jahrhunderts wurde das Schloss schließlich verpachtet, das seitdem als Bildungsstätte vorwiegend für Jugendliche dient. Dem Schloss brachte es deshalb auch den Namen »Jugendburg« ein, den man immer wieder auf Wegweisern und Hinweistafeln vorfindet. Schwerpunkt des Zentrums ist die Musik.

Nur einen Steinwurf vom Schloss entfernt liegt direkt an der Bocholter Aa ein Teil der Gemener Freiheit. Der malerische Ortsteil wurde im Mittelalter aus dem Rechtsbezirk der Landesherrschaft ausgegliedert und erhielt 1273 einen besonderen Rechtsstatus. Sehenswert sind die Kirche Sankt Marien, das Alte Kloster und wunderschöne Fachwerkbauten, in denen heute vorwiegend die Gastronomie Einzug gehalten hat.

Auenwald den Ort verlassen. Sie folgen nun den Radschildern und den Wegweisern mit dem Aa-Logo. Der Fluss strömt durch Ramsdorf, das erste Ziel der Route.

Nach Ramsdorf Gemütlich geht es entlang von saftigen Wiesen und Feldern der Bauerschaft Kuckling weiter. Am Wegesrand lädt Drönings Landcafé nicht nur zum Einkehren ein. Der Hof hat auch ein kleines, aber feines Bauernmuseum, in dem Besucher Wissenswertes über die Kartoffel erfahren, vom Anbau bis zur Ernte.

Guten Appetit

Drönings Landcafé bei Ramsdorf ist nicht nur bei den Dorfbewohnern beliebt. Radler steigen hier gerne ab und genießen drinnen im traditionsreichen Bauerncafé oder auf der Terrasse Kaffee und Kuchen oder deftige, regionale Spezialitäten. Auf dem Rückweg stoßen Sie am Fuße des Naturschutzgebiets Homborn auf das Restaurant Der Forellenhof. Neben frisch geräucherten Forellen aus der eigenen Räucherei gibt es natürlich auch schmackhafte Fleischgerichte und hausgemachte Obstkuchen. Gäste sind ab 12 Uhr willkommen.

Der Aa-Radweg führt vor dem Landcafé rechts weiter. Nachdem Sie die Bocholter Aa erneut überquert haben, gelangen Sie in die Ortsmitte und erblicken die Burg Ramsdorf. Die Burg aus Backstein erfuhr so manche Veränderungen. Der älteste noch erhaltene Teil ist der Burgturm. Innerhalb der Burgmauern hat das Heimatmuseum des Ortes einen Platz bekommen. Von der Burg Ramsdorf radeln Sie auf die Kirche zu, an der die Route rechts weitergeht. Hinter der wuchtigen Hallenkirche versteckt sich Beckmann's Alte Schmiede. Das kleine Museum ist in einem denkmalgeschützten Fachwerkgebäude untergebracht und bietet Vorführungen über das Handwerk.

Weiter nach Velen Von der Kirche kommend, überqueren Sie in Ramsdorf die Velener Straße geradeaus und folgen den Radtafeln im Zickzack durch ein Wohnviertel aus dem Ort hinaus. Die nächste Etappe des Aa-Radweges nach Velen führt nicht am Fluss entlang, sondern windet sich mit leichter Steigung und schönen Aussichten durch Knüverdarp. Schließlich radeln Sie durch den Tiergarten Schloss Velen mit seinen alten Baumbeständen in den Ort hinein, wo Sie direkt auf das imposante Wasserschloss stoßen. Schloss Velen wird heute als Hotel, Tagungs- und Veranstaltungszentrum genutzt und ist nur beschränkt zugänglich. Vom netten Schlosspark aus bekommen Sie trotzdem einen guten Eindruck des ehemaligen Adelspalastes. Sie folgen beim Schloss links dem Radweg, der zwischen

Bäumen und der Bocholter Aa zur alten Schlossmühle führt. An dieser idyllischen Stelle begegnen Sie der Quelle der Bocholter Aa, die aus einem Zusammenfluss dreier Bäche gebildet wird.

Im Bogen zurück nach Gemen Sie folgen von der Wassermühle der Straße Richtung Ortszentrum bis zur Ramsdorfer Straße, an der Sie sich rechts halten. Bei der Ampelkreuzung weist der Radwegweiser Gescher Sie dann nach links auf die Schürkampallee und an ihrem Ende links weiter in die Nordvelener Straße. Sie ignorieren jetzt die Radschilder. Stattdessen radeln Sie bis zum Kreisverkehr, fahren hier geradeaus weiter und biegen danach gleich links ab auf den Barriers Paettken. Dieser ruhigen Nebenstraße zwischen Feldern folgen Sie bis zu einem Rastplatz. Hier halten Sie sich links. Sie stoßen bald darauf auf eine T-Kreuzung, an der Sie sich rechts und gleich danach am Kreisverkehr links halten Richtung Ramsdorf. Zurück in Ramsdorf folgen Sie den Radschildern. Sie biegen bei der Kirche rechts ab, radeln wieder an der Burg entlang, überqueren bei der Ampel geradeaus die Straße und folgen kurz danach rechts dem Radweg Richtung Borken. Außerhalb von Ramsdorf weist das Radschild Sie links hoch zum Naturschutzgebiet Homborn. Im Auf und Ab führt hier ein Waldweg quer durch das Naturgebiet nach Gemen. Sie können die Radwegweiser aber auch ignorieren und den kürzeren Radweg an der Landstraße entlang zurück nach Gemen nehmen.

Die Tafeln weisen zu einem der Highlights dieser Route: der Wasserburg Gemen.

27

Entlang der Bocholter Aa

Borken – Pröbstingsee – Krechting – Rhede

leicht | 34 km | 100 Hm | 3.00 Std.

Highlight: Sehenswürdigkeit

Ausgangs- und Endpunkt
Parkplatz beim Bahnhof in Borken, Bahnhofstraße 13

GPS
51.848458, 6.864869

Anfahrt
Auto: Borken liegt an der B70 und nahe der Autobahn A31 und dann weiter auf der B67. Bahn: Regionalbahn ab dem Ruhrgebiet.

Tourencharakter
Rundtour auf asphaltierten Wirtschaftswegen und teils ungeteerten Radwegen

Kombinierbar mit
Route 25 und 26

E-Bike-Ladestation
Borken: Ladestation am Markt 12 und bei den Gasthöfen Am Alten Rathaus, Heilig-Geist-Straße 14, Hülsdünker, Brinkstraße 15 und Lindenhof, Raesfelder Straße 2; Rhede: Eisdiele Adria, Bahnhofstraße 26, öffentliches Bad, Heideweg 59 und Hotel Alte Post, Krommerter Straße 6

Radverleih
Borken: Touristeninformation, Neutor 5

Radkarten
Radwanderkarte Kreis Borken, 1:50000, BVA Verlag, Bike Media

Information
www.borken.de; www.rhede.de

Diese Tour führt über den beliebten Aa-Radweg von Borken nach Rhede. Genießen Sie die Flusslandschaft und legen Sie einen Stopp am künstlich angelegten Pröbstingsee ein. Die Route zurück folgt dem Flamingo-Radweg. Und am Ende der Tour wartet das nette Ortszentrum von Borken mit einladenden Terrassencafés und Restaurants.

Eine idyllische Strecke Eine große Informationstafel mit dem Aa-Logo begrüßt die Radfahrer beim Bahnhof in Borken. Sie folgen hier dem Wegweiser Bocholt-Rhede nach links durch die Bahnhofstraße bis zum Kreisverkehr. Hier radeln Sie geradeaus durch die Wilbeckestraße weiter und halten sich in der Ortsmitte an den Wegweiser rechts Richtung Bocholt. Den Radwegweisern nun folgend, gelangen Sie zwischen Häusern und durch den Stadtpark zur Neumühlenallee, der Sie links auf dem separaten Radweg stadtauswärts folgen. Sie unterqueren die Bundesstraße und gelangen so mit einem Bogen zur Bocholter Aa. Nun folgt eine genussvolle Strecke am Flussufer der Aa. Zwischen Borken und dem Pröbstingsee zeigt sich der mäandernde Fluss von seiner schönsten Seite.

Aussichtsplattform mit Infotafel an der Bocholter Aa

Am Pröbstingsee Der Aa-Radweg trifft direkt auf den Pröbstingsee, ein beliebtes Borkener Freizeitgebiet, das seinen Namen vom Landgut Pröbsting erhielt. Dieses alte Herrenhaus liegt beinahe am Seeufer, ist aber nur von außen zu besichtigen, doch zu sehen gibt es am See und unterwegs genug. Das Naherholungsgebiet Pröbstingsee besteht aus einem großen Stausee im Waldgebiet, verschiedenen Wassersportangeboten, ge-

Die Terrasse am Ufer des Pröbstingsees ist wohl der beste Ort für einen Stopp auf dieser Route.

pflegten Wander- und Radwegen sowie einem Kletterwald. Ein Badesee mit Sandstrand macht das Freizeitangebot komplett.

Der Radweg führt am gesamten Südufer des Stausees entlang, vorbei am Café Bootshaus mit Gastgarten am Ufer und weiter zum Badesee mit Campingplatz. Beim Kletterwald für Kinder überqueren Sie die Straße und radeln links weiter unterhalb von einer unschönen Mülldeponie. An der Gabelung wenden Sie sich links und folgen nun weiter dem Radweg mit dem Aa-Logo.

An der Wasserkraftschnecke

Sie treffen wieder auf die Aa und gelangen dem Flusslauf folgend nach Krechting, einen kleinen Ort mit einer besonderen Sehenswürdigkeit: Hier

Guten Appetit

Das Café-Restaurant Bootshaus am Pröbstingsee lockt unwiderstehlich mit seiner wunderschönen Lage am Wasser. Das einfache Selbstbedienungslokal ist eine prima Adresse, um eine Kleinigkeit zu essen, wie Flammkuchen, Panini oder frische Torten. Oder einfach, um mit einem Drink auf der Terrasse die Aussicht auf den See zu genießen. Da kommt richtig Urlaubsstimmung hoch. Auch abends lohnt es sich, noch mal hierher zu radeln, denn die Sonnenuntergänge von der Terrasse aus sind einfach traumhaft.

Münsterland-Erfahrung

Die moderne Wasserkraftschnecke direkt an der Radtour ist nicht die einzig interessante Sehenswürdigkeit von Rhede. Mitten im Ort erhebt sich die Sankt-Gudula-Kirche, deren rund 78 Meter hoher Turm den Weg vom Kraftwerk ins Zentrum weist. Die dreischiffige neugotische Hallenkirche ist das Wahrzeichen der Stadt und wegen ihrer sakralen Kunstwerke und reichen Ausstattung weit über die Stadtgrenzen hinaus bekannt. Sankt Gudula wurde übrigens an Stelle der 1898 abgerissenen alten Stadtkirche errichtet und in nur drei Jahren Bauzeit 1901 eingeweiht.

Etwa zwei Radminuten östlich der Kirche liegt das Schloss Rhede, um das sich bis heute viele Mythen und Legenden ranken. So soll noch stets der Geist eines edlen Fräuleins im Schloss herumspuken. Beweisen lässt sich das allerdings nicht, denn das Schloss ist nicht zugänglich und wird seit Mitte des 19. Jahrhunderts von der Fürstenfamilie Salm-Salm bewohnt.

Abgerundet wird das touristische Angebot mit dem Apotheker- und Medizinmuseum und dem Spielzeugmuseum Max und Moritz, ein Muss, wenn Kinder mit von der Radpartie sind.

wurde im Fluss vor Jahren ein Stauwehr angelegt, um eine Mühle mit Wasserkraft anzutreiben. Die Mühle wurde 2006 durch eine moderne Wasserkraftschnecke ersetzt. Umweltfreundlicher Strom wird nun von dieser bescheidenen Wasserkraftanlage erzeugt und so wird auch noch CO_2 eingespart. Die Fische wurden von den Technikern keineswegs vergessen. Um ihre Wanderung zwischen der Unteren und Oberen Aa zu ermöglichen, wurde neben der Schnecke eine Fischtreppe angelegt. Der Radweg führt über die Staumauer und weiter am Rande von Krechting zur Landstraße. Hier können Sie dem Aa-Radweg folgen und eventuell einen Abstecher nach Bocholt machen, wonach Sie über die 100-Schlösser-Route wieder nach Rhede gelangen. Unsere Radtour folgt aber ab der Landstraße der Flamingo-Route nach Rhede hinein. Sie führt unter der Bundesstraße hindurch, links durch den Park und dann immer geradeaus ins Ortszentrum.

Von Rhede nach Borken Im beschaulichen Rhede treffen Sie rings um die Kirche am Markt auf verschiedene Gaststätten und Restaurants, wo sie eine Pause einlegen können. Von den Gastgärten genießen Sie den Blick auf die neugotische Sankt-Gudula-Kirche. Sie folgen ab dem Markt dem Burgplatz, vorbei am Apothekermuseum, und biegen dann links in die Schlossstraße ein. Beim Wasserschloss Rhede geht es rechts durch die Schlossallee und später auf dem Prinzenbusch zurück Richtung

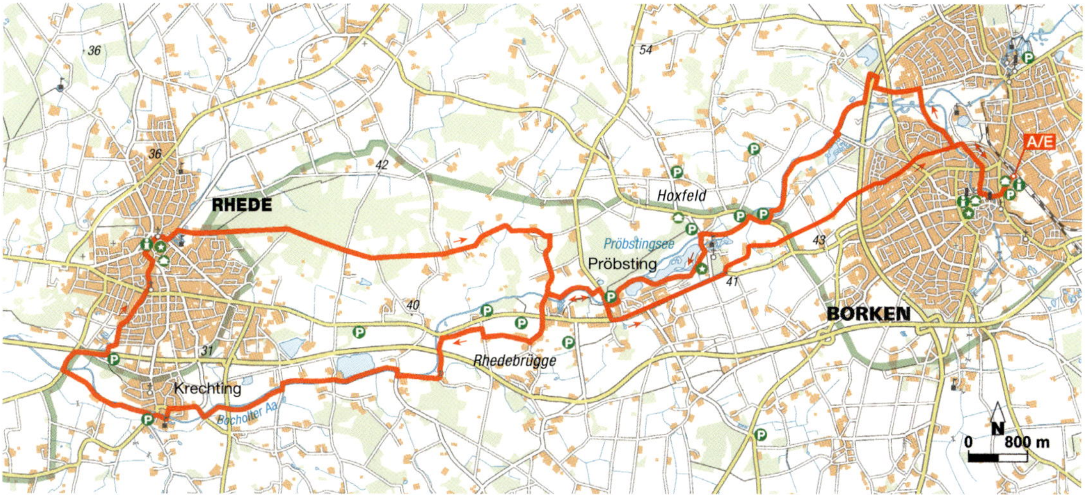

Borken. Auf ruhigen Radwegen entlang von Feldern und durch Waldstücke gelangen Sie wieder zum Pröbstingsee. Nach dem Café Bootshaus radeln Sie rechts zur Landstraße, der Sie nur kurz links folgen. In der Kurve beginnt dann links ein schattiger Radweg, angelegt auf der Straße der ehemaligen Baumbergebahn. Er führt kerzengerade zurück nach Borken. Zum Abschluss der Tour können Sie einen Rundgang durch Borken machen, unter anderem zum Alten Rathaus, zu den fünf mittelalterlichen Stadttürmen und zu den Überresten der Stadtmauer.

Oben: Ein Abstecher nach Bocholt führt am gleichnamigen See vorbei.

28 Romantische Ortskerne

Legden – Heek – Nienborg – Asbeck

leicht | 35 km | 110 Hm | 3.00 Std.

Highlight: Sehenswürdigkeit

Ausgangs- und Endpunkt
Parkplatz Vikar-Entrup-Straße 5 in Legden

GPS
52.031932, 7.104490

Anfahrt
Auto: Legden liegt circa 6 Kilometer östlich der A31, direkt an der B474.
Bahn: Regionalbahn unter anderem ab Münster (IC, ICE) und dem Ruhrgebiet, aber immer mit Umsteigen in Dülmen.

Tourencharakter
Rundtour auf asphaltierten Radwegen, Nebenstraßen und Wirtschaftswegen sowie auf einem Kiesweg entlang des Ufers der Dinkel

Kombinierbar mit
Route 29 ab Gescher und Route 19 ab Holtwick

E-Bike-Ladestation
Legden: Hubertus Apotheke, Hauptstraße 12; Düstermühle, Wehr 252; Nienborg (Heek): Alte Mühle, Hauptstraße 59; Asbeck: Dorfteich Asbeck, Schöppinger Straße 1

Radverleih
Legden: Dorf Münsterland, Haidkamp 1; Landhotel Hermannshöhe, Haulingort 30; Heek: Hotel am Markt, Markt 3

Radkarten
Radwanderkarte Kreis Borken, 1:50 000, BVA Verlag

Information
www.legden.de

Natur und Kultur verbindet diese Radroute. Sie folgen dem Oberlauf der Dinkel im Westen des Münsterlandes, durchqueren Wald, Wiesen und kleine Ortschaften mit gut erhaltenen historischen Ortskernen. Malerische Gassen und Plätze, beeindruckende Klöster und Bürgerhäuser, alte Fachwerkgiebel und Ziegelfassaden erzählen besondere Geschichten, ganz nach dem Motto »Klein, aber fein«.

Startpunkt Legden Das beschauliche Legden ist einer der malerischsten Orte der Region und weit über die Landesgrenzen hinaus wegen seines Dahliengartens bekannt, der, wie auch die anderen Sehenswürdigkeiten von Legden, am Ende der Tour beleuchtet wird. Sie starten die Radtour beim Parkplatz in der Vikar-Entrup-Straße im Zentrum und ignorieren gleich das

Radschild nach rechts. Stattdessen halten Sie sich links und folgen der Straße Stiege, später dem Fliegenmarkt. Kurz vor der Bundesstraße biegen Sie schräg rechts in den Mückenmarkt ein. Am Ende der Straße geht es dann nach links und an der T-Kreuzung im Gewerbegebiet verlassen Sie Legden rechts über die Nebenstraße Neue Mühle.

Historische Wassermühle in Nienborg, einem Ortsteil von Heek

Linke Seite: Dahlien in allen Größen und Farben im Dahliengarten von Legden

Entlang der Dinkel Die Dinkel entspringt südwestlich von Legden und fließt bis in die Niederlande. Der kleine Fluss begleitet Sie nun auf dem Weg nach Heek. Die Route führt ab Legden zwischen Äckern und Wiesen hindurch, zunächst am rechten Ufer entlang. An der Kreuzung biegen Sie links ab und radeln jetzt weiter auf einer Etappe der 100-Schlösser-Route. Den Radschildern folgend, queren Sie die Dinkel und kurz danach geht die Route rechts am linken Flussufer weiter. Bei der alten Backsteinmühle neben dem Landgasthof Düstermühle können Sie eventuell eine kurze Pause einlegen. Die Wassermühle gilt als eine der ältesten der Region und war ursprünglich Eigentum des Stiftes Asbeck, dem Sie später an der Route begegnen werden. Sie queren auf der Mühlenbrücke nochmals die Dinkel. Die Radroute führt nun links weiter und geradeaus über die Landstraße schließlich nach Heek.

Heek und Nienborg In Heek angekommen, halten Sie sich rechts und folgen den Radwegweisern und dem Logo der 100-Schlösser-Route durch den Ort, vorbei an der Kirche Sankt Ludgerus. Den Ortskern lassen Sie vorerst links liegen. Nienborg ist das nächste Ziel und nur einen Steinwurf von Heek entfernt. Unterwegs dorthin treffen Sie auch einen unscheinbaren Bach und stoßen erneut auf die Dinkel. In Nienborg werden Sie von einer malerischen, alten Wassermühle begrüßt, idyllisch gelegen am Fluss. Nienborg ist der kleine Nachbar

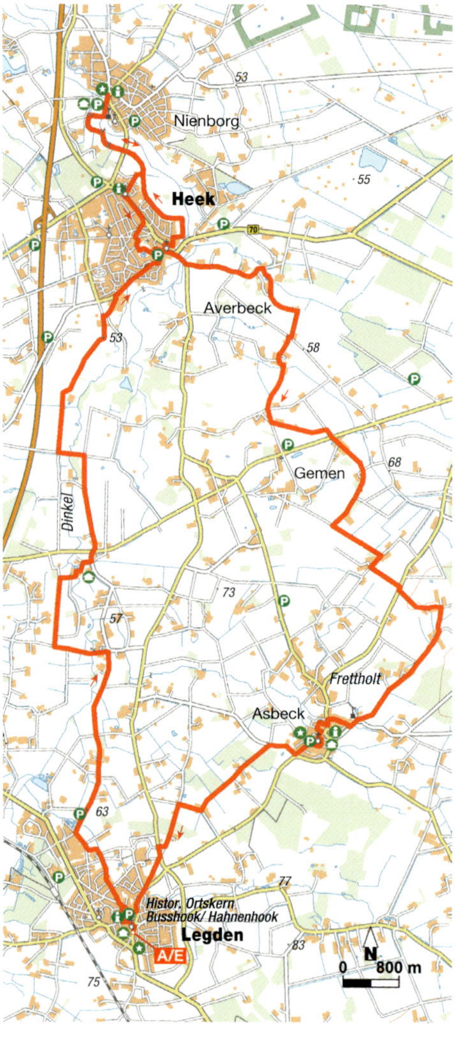

Idyllisches Plätzchen im Altstadtkern von Legden

von Heek, aber um einiges älter. Vor mehr als 800 Jahren entstand hier am Dinkelufer eine Burg im Auftrag des Fürstbischofs von Münster. Ihre Hauptaufgabe bestand darin, die wichtige Handelsroute zwischen Münster und den Handelsstädten in den Niederlanden zu schützen. Die Burg entwickelte sich zur mächtigsten Festung der Region. Teile der Befestigung sind noch erhalten. Sie erreichen die Denkmäler ab der Wassermühle durch die Hauptstraße, dann müssen Sie die erste Möglichkeit rechts abbiegen in die Gasse Burg.

Guten Appetit

Der Gasthof Düstermühle am Radweg zwischen Legden und Heek ist eines der ältesten Restaurants in der Region. In rustikalem Ambiente oder im Freien mit herrlichem Blick auf die alte Wassermühle genießen Sie gute Hausmannskost. Wer lieber später einkehrt, dem empfiehlt sich das Gasthaus Der Grieche unter den Linden. Ins altehrwürdige Fachwerkgebäude in der ehemaligen Stiftsanlage Asbeck ist dieses griechische Restaurant eingezogen. Der schattige Biergarten gefällt, aber auch das Essen und der Service werden stets gelobt.

Burg Nienborg Die Neue Burg ist eine mittelalterliche Ringburganlage, geschützt von meterdicken Mauern. Ihren geschlossenen Charakter hat sie sich bis heute erhalten. Die Anlage wirkt wie ein Dorf im Dorf. Das erste Denkmal, dem Sie begegnen, ist das Hohe Haus. Es stammt zum Teil aus dem 14. Jahrhundert und wirkt noch wie eine typische Ritterburg. Das Haus ist mit einem für das Münsterland typischen Dreistaffelgiebel geschmückt. Das Hohe Haus sowie das nahe gelegene Lange Haus, das heute von der Musikakademie genutzt wird, waren Teil der sogenannten Oberburg. Zu Ihrer Linken lag die Unterburg. Sehenswert sind zudem nach der Kirche das Haus Keppelborg, beeindruckend ist das alte Burgtor. Sie passieren dieses Torhaus fast wie in alten Zeiten und verlassen somit das historische Burggelände. Die Radroute geht rechts durch die Hauptstraße zurück nach Heek. Gleich nach der Brücke links erreichen Sie wieder den Kiesweg am Bach nach Heek, auf dem sie gekommen sind.

Von Heek nach Asbeck Wieder beim Sportplatz in Heek angelangt, radeln Sie dieses Mal geradeaus Richtung Ortsmitte und folgen jetzt der Flamingo-Route. Sie verläuft links durch die Bahnhofstraße und bei der evangelischen Kirche rechts im Zickzack durch den Ort zum Markt, an dem einige alte Fachwerkhäuser erhalten geblieben sind. Hier halten Sie sich links und radeln rechts zum Kreisverkehr. Sie verabschieden sich von Heek, von der Flamingo-Route und auch von der Dinkel. Jetzt halten Sie sich an den Wegweiser Legden und nehmen nach

Münsterland-Erfahrung

Auf den ersten Blick erscheint es, als betrete man in Asbeck einen historischen Dorfkern. Doch der Schein trügt, denn bei diesem wunderschönen Ensemble aus Fachwerkhäusern handelt es sich um eine Klosteranlage. Sie wurde von Wickerus von Wettringen im 12. Jahrhundert als Doppelkloster gegründet. 1173 wurde die Anlage zum reinen Nonnenkloster umgewandelt, in dem ständig etwa 40 Frauen bis zur Säkularisation im Jahr 1805 lebten. Von der Klosteranlage noch erhalten geblieben sind die ehemalige Stiftskirche Sankt Margareta, das Torhaus von 1630, verschiedene Wohnhäuser und Wirtschaftsgebäude wie die Klostermühle oder das Backhaus. Besonders interessant ist das Dormitorium. Es war das Haus der Äbtissin und wird heute unter anderem als Standesamt genutzt. Bemerkenswert ist die zweistöckige Arkadengalerie des Kreuzganges beim Dormitorium, die im 19. Jahrhundert im Bau des Münsteraner Diözesanmuseums integriert war, 1966 wieder abgerissen wurde und schließlich 2004 an ihrer alten Stelle zurückkam. Im modernen Anbau der Galerie befindet sich eine permanente Ausstellung über die Geschichte des Stiftes.

dem Fluss links den Averbecker Weg. Sie biegen beim Rastplatz rechts auf die Nebenstraße Fürstenstiege ab und radeln weiter durch die Dorfbauerschaft nach Asbeck. Unterwegs können Sie die Ruhe und ländliche Idylle der münsterländischen Parklandschaft genießen.

Zurück nach Legden Immer den Radschildern folgend, erreichen Sie Asbeck, ein ehemaliges Stiftdorf. Die Radroute führt Sie im Dorf geradeaus zum historischen Ortskern und durch die sogenannte Hunnenporte in die ehemalige Klosteranlage. Blickfänger sind die romanische Stiftskirche und der zweigeschossige Kreuzgang mit Arkadenbogen beim Dormitorium, zwar eine Rekonstruktion, aber nicht weniger beeindruckend. Nach einem kurzen Stopp in Asbeck führt der letzte Streckenabschnitt zurück nach Legden. Sie stoßen am Rand von Asbeck auf eine Straße, an der Sie rechts und gleich wieder links abbiegen und durch den Wald Legden wieder erreichen. Den Radschildern folgend, gelangen Sie schließlich ins Ortszentrum des rund 7000 Einwohner zählenden Legden.

In Legden Der historische Ortskern von Legden breitet sich östlich der Sankt-Birgida-Kirche und beidseitig der Gassen Busshook und Hahnenhook aus. In der romanischen Kirche aus dem 3. Jahrhundert ist vor allem das aus Buntglas bestehende Wurzel-Jesse-Fenster sehenswert, das den Stammbaum Jesu zeigt. Aus den Patrizier- und Bürgerhäusern im Fachwerkstil, die sich im Busshook aneinanderreihen, heben sich das Haus Wessling und das Haus von Hülst hervor, während der Hahnenhook noch über historisches Kopfsteinpflaster verfügt. Mehr über die Geschichte des Ortes gibt es im Spieker.

Hauptattraktion des Ortes ist, wie bereits erwähnt, der Dahliengarten. Der öffentliche, frei zugängliche Park wurde 2015 auf einem brachliegenden Grundstück im Zentrum eingerichtet. Rund 160 Dahlienarten kann man hier in den Beeten bewundern, und das von etwa Mitte Juli bis Mitte Oktober. Bei jeder Dahlienart gibt es eine kleine Infotafel mit der Herkunft und dem Namen des Züchters.

Der Dahliengarten ist aber mehr als nur ein wunderschönes Blumenmeer: Er ist Treffpunkt, eine Oase der Ruhe und Ort für diverse Veranstaltungen, etwa den »Tag der Dahlie« im August.

Das Fachwerkhaus mit Durchgang ist Teil des wunderschönen Stiftes Asbeck.

29 Zwei Flussradwege

Gescher – Südlohn – Stadtlohn

leicht | 35 km | 113 Hm | 3.00 Std.

Highlight: Sehenswürdigkeit

Ausgangs- und Endpunkt
Parkplatz beim Glockenmuseum in Gescher, Armlandstraße 20

GPS
51.956865, 7.002186

Anfahrt
Auto: Gescher liegt nahe der A31 und direkt an der B525.
Bahn: Kein Bahnanschluss.

Tourencharakter
Rundtour auf asphaltierten Wirtschaftswegen und Nebenstraßen und ungeteerten Abschnitten am Flussufer

Kombinierbar mit
Route 30 ab Vreden (circa 10 km)

E-Bike-Ladestation
Gescher: gegenüber der Touristeninformation, Armlandstraße 16, und in der Lindenstraße 2; Stadtlohn: Pfeifenofen 2–4 und Losberg 5

Radverleih
Südlohn: Zweiradfahrzeuge Telöken, Burgring 19

Radkarten
Radwanderkarte Kreis Borken, 1:50000, BVA Verlag, Bike Media

Information
www.gescher.de;
www.suedlohn.de;
www.stadtlohn.de

Flussradwege haben ihren ganz besonderen Reiz. Diese Radtour umfasst sogar zwei Routen. Sie folgen auf der ersten Etappe dem Schlinge-Radweg und auf dem Rückweg der Berkel-Radroute durch eine sehr abwechslungsreiche Landschaft und beschauliche Orte. Die Glockenstadt Gescher ist Start- und Endpunkt dieser Rundtour.

Die Schlinge-Route Sie starten am Parkplatz beim Museumshof in Gescher. Das wirklich interessante und einladende Ensemble aus Fachwerkbauten heben Sie sich am besten für das Ende der Route auf. Erst treten Sie in die Pedale, vorbei am Glockenmuseum und durch die Lindenstraße bis zum Kreisverkehr. Hier folgen Sie den Radschildern schräg nach rechts und biegen gleich links auf den Südlohner Damm ein. Durch

In Gescher wurde den Wurstabholern ein Denkmal gesetzt.

Eine schattige Alleenstrasse führt aus Gescher hinaus.

diese Allee verlassen Sie Gescher. Die nächsten zehn Kilometer folgen Sie der Schlinge-Route nach Südlohn, einer ruhigen Strecke durch Wald, entlang von Maisfeldern und blühenden Wiesen. Die Schlinge entspringt hier zwischen Gescher und Südlohn. Sie ist am Beginn unscheinbar, ein Rinnsal mit vielen Windungen und Kehren, die Sie ab und an überqueren, aber erst in Südlohn so richtig zu Gesicht bekommen. Breiter wird die Schlinge erst nach der Grenze in den Niederlanden.

Durch Südlohn In Südlohn radeln Sie geradeaus an einer Windmühle vorbei, dem Wahrzeichen des Ortes. Die Mühle aus 1812 lohnt kurz zum Verweilen. Nebenan ste-

Guten Appetit

Frisches Gemüse und Kräuter sind bei BioLesker Familiensache. Die Produkte aus nachhaltigem und ökologischem Landbau finden ihren Weg in über 1000 Bioläden in ganz Deutschland. Im eigenen Hofladen erwarten Sie unter anderem biologische Gurken und Tomaten, aber auch Eier vom BioLesker-Hühnermobil. Dazu eine große Auswahl biologisch erzeugter Lebensmittel wie Käse, Wurst oder Wein von diversen Partnern. Hoffentlich haben Sie noch Platz in der Radtasche! BioLesker liegt direkt an der Radstrecke Richtung Stadtlohn.

hen auch noch eine alte Dampfmühle, eine Sägemühle und das Müllerhaus. Der Radweg führt links weiter zwischen den Häusern hindurch zum Fluss. Unterwegs schimmern durch die Bäume die weißen Mauern des Hauses Lohn. An dieser Stelle stand schon im Mittelalter ein Schloss. Der heutige Herrensitz stammt aus dem 18. Jahrhundert und ist nur von außen zu besichtigen. Weiter geht es an der Schlinge entlang zur Ortsmitte

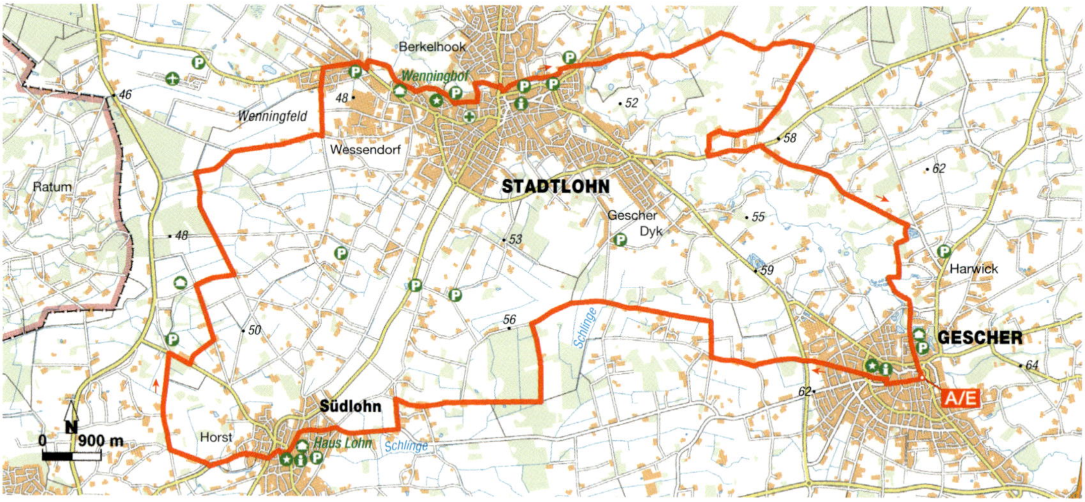

Münsterland-Erfahrung

Der Museumshof auf dem Braem am Rande der Altstadt von Gescher vermittelt mit seinen Fachwerkgebäuden wie Schuppen, Heimat- und Backhaus sowie vielen Ausstellungsstücken einen guten Einblick in das einfache und harte Alltagsleben der Bauern zu Beginn des 19. Jahrhunderts. Ein Bauern- und Kräutergarten rundet das Angebot ab. Zudem gibt es Ende September/Anfang Oktober jedes Jahr ein Erntedankfest, bei dem der Hof zum Leben erwacht und die Besucher mit regionalen Speisen verwöhnt werden. Buchweizenpfannkuchen und Bauernstullen, Schinken und Mettwürste stehen dabei ebenso auf der Menükarte wie Kaffee und hausgemachter Kuchen. Auf dem Gelände befindet sich auch ein Bienenhaus und im alten Rathaus das Imkereimuseum. Hervor sticht das moderne Gebäude, in dem das Westfälische Glockenmuseum mit einer schönen Sammlung von Glocken in allen Formen und Größen untergebracht ist. Noch heute werden in Gescher Glocken gegossen. Einen Einblick in die Kunst des Gießens erhalten Sie in der Glocken- und Kunstguss-Manufaktur Petit & Gebrüder Edelbrock in der Hauptstraße 5, wo seit dem 17. Jahrhundert vor allem Kirchenglocken gegossen werden. Die Besichtigung ist nur mit einer Führung möglich. Infos finden Sie unter www.petit-edelbrock-gescher.de.

um die Kirche mit ihrem bereits von weitem sichtbaren mächtigen Turm. Bei der Kirche radeln Sie links durch die Einkaufszone Kirchstraße. Sie biegen dann links und gleich rechts in die Straße Doorne ein, der Sie geradeaus folgen. Sie halten sich danach rechts und orientieren sich ab jetzt an den Radwegweisern Stadtlohn, dem nächsten Ziel der Route. Unterwegs verabschieden Sie sich von der Schlinge. Im Zickzack führt der Radweg nun durch eine von grünen Wiesen, Mais- und Getreidefeldern geprägte Landschaft, vorbei am Biohof Lesker direkt nach Stadtlohn.

Nach Stadtlohn Den Radwegschildern folgend, gelangen Sie in das Ortszentrum. Stadtlohn ist mit seinem Angebot an Geschäften und Restaurants der wohl lebendigste Ort an der Route. Die Stadtmühle an der Berkel sowie die Kirche und das Rathaus am Markt sind die markantesten Monumente. Besonders sehenswert sind das Haus Hakenfort, das älteste Bürgerhaus der Kleinstadt, und nicht zuletzt der Marktpütt neben der Kirche.

Auffallendes Bauwerk in Südlohn und guter Orientierungspunkt: die Mühle am Ortsrand

Die Berkel-Route Nach der kurzen Unterbrechung in Stadtlohn geht es bei der Stadtmühle zurück an die Berkel. Sie folgen nun dem Radweg neben der Berkel stromaufwärts und halten sich jetzt an die Radwegweiser nach Gescher sowie an das Logo der Berkel-Route. Die Route schlängelt sich durch herrliche münsterländische Parklandschaft und die Bauerschaften Estern und Harwick. Die Berkel, die in den Baumbergen im Herzen des Münsterlands entspringt, kreuzen Sie nur selten. Erst kurz vor Gescher begegnen Sie dem Fluss, wenn Sie auf die Landstraße stoßen und ihr nach rechts folgen. Hier überqueren Sie die Berkel und Ihnen springt eine historische Wassermühle mit einem Stauwehr ins Auge. Nach der Mühle fahren Sie links durch den Stadtpark, am Friedhof vorbei und Sie stoßen so direkt auf den Museumshof. Links davon fängt der historische Ortskern von Gescher an, in dem verschiedene nette Restaurants und Cafés zum Einkehren einladen.

30

Zum Zwillbrocker Venn

Vreden – Niederlande – Zwillbrock – Ammeloe

leicht | 29 km | 38 Hm | 2.30 Std.

Highlight: Naturparadies

Ausgangs- und Endpunkt
Parkplatz beim KULT in Vreden, Up de Bookholt 16

GPS
52.033072, 6.819856

Anfahrt
Auto: Vreden liegt direkt an der B70.
Bahn: Kein Bahnanschluss.

Tourencharakter
Rundtour auf asphaltierten Radwegen, Neben- und Wirtschaftsstraßen mit kurzen Abschnitten auf ungeteerten Pfaden und Forstwegen

Kombinierbar mit
Route 29 ab Stadtlohn (circa 10 km)

E-Bike-Ladestation
Vreden: am Haus Markt 9 und bei den Gaststätten Schwering, Doemern 5, und Zum dicken Jupp, Südlohner Diek 48; Zwillbrock: biologische Station, Zwillbrock 10, und Hotel-Restaurant Kloppendiek, Zwillbrock 8

Radverleih
Stadtmarketing Vreden, Kirchplatz 14

Radkarten
Radwanderkarte Kreis Borken, 1:50 000, BVA Verlag, Bike Media

Information
www.stadtmarketing-vreden.de; www.bszwillbrock.de/de/biologische-station-zwillbrock

Jedes Jahr färben Flamingos die Landschaft des Zwillbrocker Venns rosa. Mit etwas Glück können die besonderen Vögel beobachtet werden. Denn mit ausreichend Abstand lassen sie sich vom Menschen keineswegs aus der Ruhe bringen. Also auf zu diesem Naturschauspiel an der deutsch-niederländischen Grenze.

Ellewicker Feld Beginn der Route ist der Parkplatz beim Kult in Vreden. Die Sehenswürdigkeiten der Stadt werden für das Ende der Radroute aufgehoben. Zunächst folgen Sie kurz dem schattigen Radweg am Fluss Richtung Westen und beachten dann links den Wegweiser Zwillbrock. Die Route führt im Zickzack aus dem Ort und geradeaus über die Ringstraße zur Bauerschaft Gaxel. Eine ruhige Nebenstraße leitet Sie die nächsten Kilometer abwechselnd durch Wald und entlang von Weiden und Feldern. Ab und an begegnen Sie Informationstafeln mit

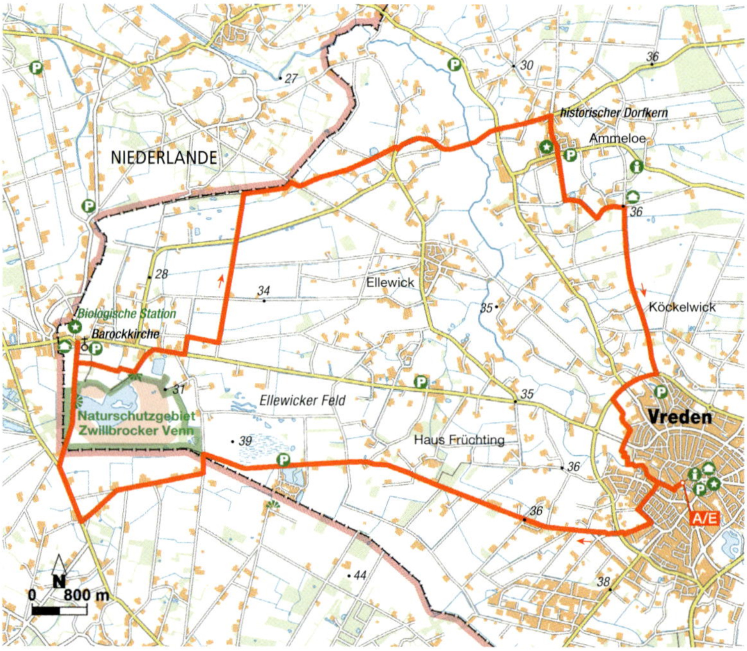

Wissenswertem über die Natur und Kultur der Grenzregion. Anhalten sollten Sie beim Aussichtsturm am Ellewicker Feld mit Infotafeln über die Flamingos, der aus einigen Metern Höhe einen ersten guten Blick auf die Flora und Fauna gestattet.

Unbedingt besichtigen: das Freilicht-Bauernhofmuseum in Vreden

Über die Grenze Nach dem Turm kommen Sie an eine T-Kreuzung. Hier ignorieren Sie den Wegweiser rechts nach Zwillbrock. Stattdessen biegen Sie links auf den schmalen Radweg Richtung Meddo ein und überqueren kurz danach die Staatsgrenze. Alte Grenzsteine sind die noch einzigen sichtbaren Zeichen des Grenzverlaufes. In den Niederlanden folgen Sie den Radschildern mit dem Logo der Flamingo-Route nach rechts über einen Wirtschaftsweg, vorbei an niederländischen Höfen und Blumenzüchtern. An der Landstraße folgen Sie rechts der far-

Guten Appetit

Lust auf Pfannkuchen unterwegs? Dann lohnt sich ein Abstecher zu den niederländischen Nachbarn. Gäste loben die riesigen traditionellen Pfannkuchen im Café-Restaurant Haak en Hoek. Es gibt sogar eine eigene Pfannkuchen-Karte mit großer Auswahl, aber auch andere niederländische Klassiker sind erhältlich wie Tosti's (Toast), Kroketten, Uitsmijter (Strammer Max) oder Hühnerspieße mit Erdnusssauce. Dazu ein nettes Plätzchen im Freien. Das Lokal liegt am Rande des Zwillbrocker Venns, etwa 500 Meter vom Radweg entfernt.

bigen Radspur bis zum Top 54, einem Rad-Orientierungspunkt mit Infotafel. Hier radeln Sie wiederum rechts über das Kloppendiek zurück nach Deutschland Richtung Zwillbrock. Kurz danach fängt ein unbefestigter Radweg an, das Zeichen, dass Sie das Naturschutzgebiet Zwillbrocker Venn erreicht haben.

Nach Zwillbrock Sie radeln jetzt am Westrand des Naturschutzgebietes und treffen hier auf die Westkanzel, einen hölzernen Aussichtspunkt zur Beobachtung der verschiedensten Wasservögel. Geradeaus weiter stoßen Sie auf das Hotel-Restaurant Kloppendiek mit Gastgarten und werden überrascht von der Barockkirche Zwillbrock. Denn so eine monumentale und prunkvolle Kirche erwartet man nicht in diesem kleinen Dorf. Das Gotteshaus entstand im 18. Jahrhundert, in Zeiten des Glaubensstreites zwischen Protestanten und Katholiken. Ein paar Radminuten weiter liegt die Biologische Station Zwillbrock mit guten Informationen über das Naturschutzgebiet und ihre Bewohner.

Dorfidylle Ammeloe Hinter der Barockkirche biegen Sie rechts in den Radweg ein, radeln danach links und den Wegweisern nach Haaksbergen folgend und überqueren schließlich die Landstraße leicht versetzt nach links. Ammeloe ist das

Münsterland-Erfahrung

Etwa 50 karibische Flamingos wechseln im Frühjahr von ihrem Winterquartier ins Zwillbrocker Venn, wo sie in dem von Mooren, Flachseen und Feuchtwiesen geprägten Naturschutzgebiet genügend Nahrung vorfinden. Die rosaroten Vögel erwartet man eigentlich nicht so weit nördlich in Europa. Angenommen wird, dass sie einst aus privaten Einrichtungen wie Tiergärten entflohen sind und sich im Laufe der Jahre bestens an das Klima angepasst haben. Die Flamingos sind im Zwillbrocker Venn zwischen April und Juli anzutreffen, wobei es sich um drei Arten handelt: den europäischen Flamingo sowie die beiden Exoten Chile- und Kuba-Flamingo. In den restlichen Monaten lebt die kleine Kolonie im Grevelingenmeer in der niederländischen Provinz Zeeland.

Das Zwillbrocker Venn ist übrigens nicht natürlich entstanden. Im 17. und 18. Jahrhundert wurde in der Grenzregion aus wirtschaftlichen Gründen Torf gestochen, was großflächige, aber nicht tiefe Mulden hinterließ. Die Mulden füllten sich schließlich mit Wasser und entwickelten sich so langsam zu einer besonderen Landschaft, die nach und nach verschiedene Vögel anzog und die wegen ihrer Bedeutung letztendlich unter Naturschutz gestellt wurde.

nächste Ziel. Die Radroute führt Sie durch die stille Agrarlandschaft des Crosewicker Feldes. Sie stoßen bei Top 20 nochmals auf die niederländisch-deutsche Grenze, fahren aber rechts

und gleich wieder links weiter auf deutschem Boden Richtung Haaksbergen. Bei Crosewick verlassen Sie den Radweg nach Haaksbergen und radeln zur Landstraße, der Sie links auf dem baulich getrennten Radweg folgen. Über die Berkel und beim Kreisverkehr geradeaus radelnd, gelangen Sie dann rechts nach Ammeloe hinein. Sehenswert ist im Ort der denkmalgeschützte historische Kring, an dem die Häuser ringförmig um die Kirche gebaut wurden. Nur wenige Gassen führen in den alten Dorfkern hinein.

Aussichtspunkt an der Westseite des Zwillbrocker Venns

Zurück in Vreden Ab Ammeloe den Radwegweisern folgend, erreichen Sie nach knapp sieben Kilometern Vreden. Interessant sind hier das Alte Rathaus am Markt, das barocke Herrenhaus mit dem heutigen Rathaus, das moderne Kulturzentrum KULT und nebenan an der Berkel die alte Wasserkraftzentrale. Höhepunkt aber ist die Bauernhofanlage im Stadtpark. Sie besteht aus mehreren Fachwerkgebäuden der Region, die hierher gebracht wurden und ein hübsches Ensemble bilden. Die Hofanlage ist frei zugänglich.

Schafe unter blühenden Kirschbäumen in Hagen am Teutoburger Wald

Für jeden Tag die richtige Tour

1	● Münster mit dem Rad	12 km	22 Hm	1.00 Std.	●	●	●	●		●	●
2	● Historische Vororte	37 km	74 Hm	3.00 Std.	●		●	●			●
3	● Auf Droste-Hülshoffs Spuren	36 km	113 Hm	3.00 Std.	●		●	●			●
4	● Entlang von Werse und Ems	34 km	100 Hm	3.00 Std.	●	●	●		●		●
5	● Harkotten	36 km	84 Hm	3.00 Std.	●	●	●	●		●	●
6	● Im Land der Pferde	32 km	100 Hm	2.30 Std.	●		●	●			●
7	● Herrensitze im Grünen	37 km	74 Hm	3.00 Std.	●		●	●			●
8	● Zum Schloss Westerwinkel	38 km	93 Hm	3.30 Std.	●		●	●			●
9	● Dörenther Klippen	33 km	187 Hm	3.00 Std.	●		●	●			●
10	● Nach Osnabrück	50 km	394 Hm	5.00 Std.	●		●	●			●
11	● Teutoburger Wald	47 km	354 Hm	5.00 Std.	●		●	●			●
12	● Ein bisschen Frieden	36 km	80 Hm	3.00 Std.	●	●	●		●	●	●
13	● Durchs Steinfurter Land	30 km	100 Hm	2.30 Std.	●	●	●	●			●
14	● Auf alter Bahntrasse	52 km	156 Hm	4.30 Std.	●		●	●		●	●
15	● Über den Schöppinger Berg	30 km	144 Hm	3.00 Std.	●		●	●			●
16	● Die Sandstein-Route	40 km	332 Hm	4.30 Std.	●		●	●			●
17	● Coesfelder Berge	40 km	297 Hm	4.00 Std.	●		●	●			●

Nr.		Tour	Länge	Höhenunterschied	Fahrzeit	Einkehr	kindergeeignet	Sehenswürdigkeit	viel Sonne	schattiger Weg	Baden	ÖPNV
18	●	Durch das malerische Stevertal	36 km	200 Hm	3.00 Std.	●		●	●			●
19	●	Coesfeld und Umgebung	36 km	149 Hm	3.00 Std.	●		●	●			●
20	●	Zum westfälischen Versailles	34 km	93 Hm	2.30 Std.	●	●	●	●		●	●
21	●	Zum Venner Moor	45 km	138 Hm	4.00 Std.	●		●	●			●
22	●	Durch die Seppenrader Schweiz	33 km	147 Hm	3.00 Std.	●		●	●			●
23	●	Um die Stauseen	25 km	119 Hm	2.00 Std.	●	●	●		●	●	●
24	●	Entlang der Silberseen nach Dülmen	24 km	122 Hm	2.00 Std.	●	●	●	●		●	●
25	●	Zum Wasserschloss Raesfeld	30 km	87 Hm	2.30 Std.	●		●	●			●
26	●	Zur Quelle der Aa	30 km	112 Hm	2.30 Std.	●		●	●			●
27	●	Entlang der Bocholter Aa	34 km	100 Hm	3.00 Std.	●	●	●	●		●	●
28	●	Romantische Ortskerne	35 km	110 Hm	3.00 Std.	●		●	●			●
29	●	Zwei Flussradwege	35 km	113 Hm	3.00 Std.	●		●	●			
30	●	Zum Zwillbrocker Venn	29 km	38 Hm	2.30 Std.	●	●	●	●			●

Piktogramme erleichtern den Überblick

Länge
Höhenunterschied
Fahrzeit
Einkehr
kindergeeignet
Sehenswürdigkeit
viel Sonne
schattiger Weg
Baden
ÖPNV

Nachwort

Nach der ausführlichen Lektüre oder einfach schon nach dem ersten Durchblättern dieses Radbuches hoffen wir, dass Sie Lust auf das Münsterland bekommen haben, um es per Rad zu erkunden. Und dass es Ihnen genauso viel Spaß machen wird wie uns, kreuz und quer durch diese Region zu radeln und ihre kulturelle und landschaftliche Vielfalt vom Sattel aus zu erkunden.

Denn wo sonst in Deutschland kann man in einer Region, die gerade mal doppelt so groß ist wie das Saarland, unter anderem Flamingos in freier Natur beobachten, viele märchenhafte Schlösser, opulente Herrensitze und architektonisch hinreißende Landgüter bestaunen, bei einer Kneippkur die Füße erfrischen oder auf den Spuren historisch wichtiger Persönlichkeiten radeln?

Linda O'Bryan

An dieser Stelle möchten wir uns auch bei allen Touristeninformationen, Museen, privaten Institutionen und Einrichtungen recht herzlich für die Unterstützung bedanken. Denn ohne deren Hilfe, Tipps und Genehmigungen zum Fotografieren wäre dieses Buch nicht zustande gekommen.

Und schon vorab bereits ein herzliches Dankeschön an alle Radlerinnen und Radler, die uns in Zukunft mit Tipps und aktuellen Informationen zu den einzelnen Radrouten versorgen werden, damit das Buch stets auf dem neuesten Stand bleibt.

Hans Zaglitsch

Viel Spaß beim Radeln und Entdecken des Münsterlandes wünschen Ihnen

Linda O'Bryan
Hans Zaglitsch

Register

A
Albersloh 21
Ammeloe 150
Angelmodde 18
Appelhülsen 95
Asbeck 141
Ascheberg 40

B
Bad Iburg 62
Bagno-Park 70
Baumberge 84
Berkel 147
Billerbeck 84, 94
Bocholt 134
Bocholter Aa 130
Borken 126
Botanischer Garten Loismann 52
Brochterbeck 50
Burg Gemen 130
Burg Kakesbeck 108
Burg Lüdinghausen 107
Burg Ramsdorf 132
Burg Vischering 102
Burgsteinfurt 68

C
Capelle 46
Coesfeld 90, 98
Coesfelder Berge 90

D
Dahliengarten 138
Darfeld 100
Davensberg 42
Dinkel 139
Doppelschlossanlage 34
Dörenthe 52
Dörenther Klippen 50
Drensteinfurt 40
Droste-Hülshoff, von Annette 24
Drostenhof 22
Dülmen 121
Dumte 70

E
Everswinkel 39

F
Feldmarksee 34
Felix-Nussbaum-Museum 57
Freckenhorst 36
Füchtorf 33

G
Gaste 58
Gelmer 29
Gemen 130
Gerleve
Gescher 144
Glockenmuseum 146
Gut Erpenbeck 65
Gut Havichhorst 28

H
Hagen 62
Haltern am See 118
Halterner Stausee 116
Handorf 28
Harkotten 34
Hasbergen 55
Hauenhorst 73
Haus Bisping 43
Haus Borg 43
Haus Byink 42
Haus Lohn 146
Haus Vögeding 24
Hausdülmen 120
Havixbeck 85
Heek 140
Hellern 55
Herbern 45
Hohenholte 27
Holtwick 100, 101
Horstmar 70
Hullerner See 119
Hülshoff-Burg 25

I
Isselquelle 126

K
Kletterwald Haltern 117
Kloster Iburg 61
Krechting 134
Kunstmuseum Pablo Picasso 16

L
Ladbergen 65
Leeden 58
Leer 79
Legden 139
Lengerich 63
Lienen 63
Lippe 114
Longinusturm 86
Loose 55
Ludgerus-Doms 96
Lüdinghausen 102
Lutum 98

M
Marbeck 128
Max-Clemens-Kanal 76
Metelen 81
Münster 14

Museumshof auf dem Braem 146
Müssingen 39

N
Naturschutzgebiet Davert 42
Naturschutzgebiet Ichterloh 46
Neuenkirchen 76
Nienborg 140
Nordkirchen 103, 105
Nottuln 88

O
Offlumer See 76
Olfen 113
Osnabrück 56
Osterwick 100, 101
Osthellen 90
Ottmarsbocholt 109

P
Pleistermühle 18
Pröbstingsee 134

R
Radbahn Münsterland 72
Raesfeld 128
Ramsdorf 132
Rhede 134
Rheine 73
Rinkerode 43
Rosendahl 100
Rosengarten 114
Rüschhaus 24

S
Saline Gottesgabe 75
Sandsteinmuseum 85
Sassenberg 35
Schloss Bentlage 75
Schloss Darfeld 92
Schloss Iburg 61
Schloss Senden 109
Schloss Sythen 121
Schloss Varlar 91
Schloss Velen 132
Schloss Westerwinkel 44
Schöppingen 81
Schöppinger Berg 78, 80
Selm 105
Senden 109
Seppenrade 114
Seppenrader Schweiz 112
Silberseen 120
Stadtlohn 147
Stapelskotten 19
Steinfurt 71
Stevertal 94, 95
Steverauen 114
Südlohn 145
Sythen 120

T
Tecklenburg 50, 54
Telgte 30
Teutoburger Wald 52, 62

V
Vechtetal 81
Velen 132
Venner Moor 108
Vreden 148

W
Warendorf 33, 36
Wasserkraftschnecke 136
Wasserschloss Haus Marck 53
Wasserschloss Nordkirchen 102
Wasserschloss Raesfeld 128
Werse-Radweg 22
Wolbeck 18
Wolbecker Tiergarten 21

Z
Zwillbrock 150
Zwillbrocker Venn 150

In gleicher Reihe erschienen ...

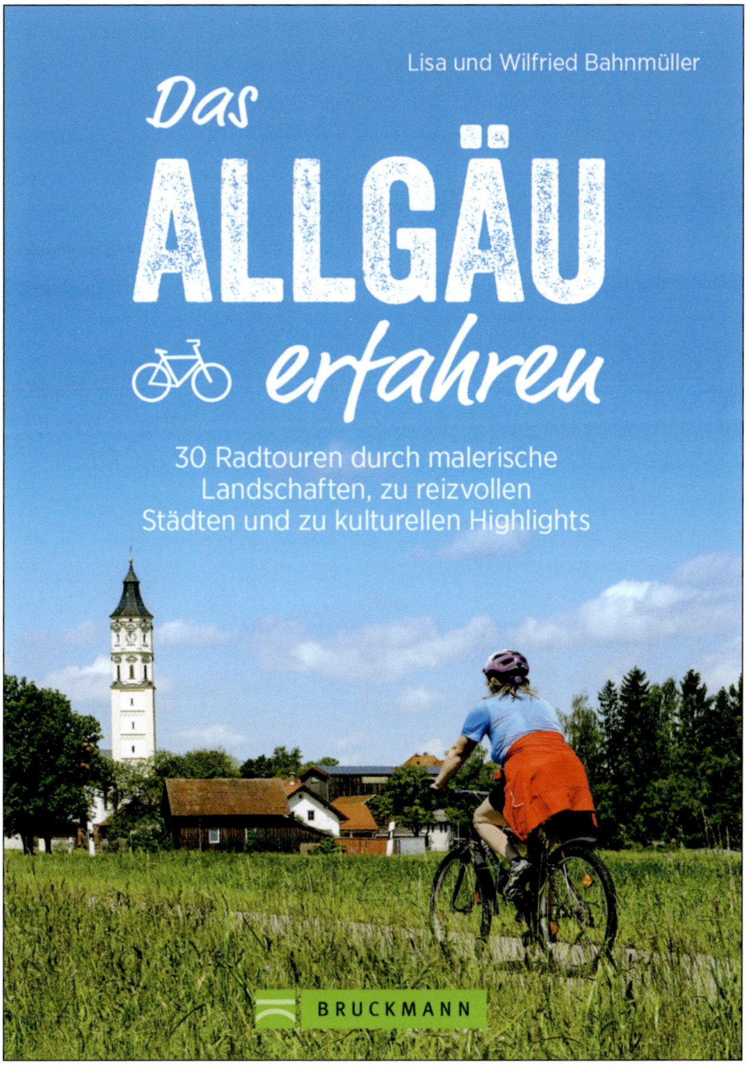

ISBN 978-3-7343-1259-5

Der perfekte Reiseführer für alle, die das Allgäu aktiv, aber ohne große Anstrengung kennenlernen möchten: 30 traumhafte Tagestouren mit dem Fahrrad.

Impressum

Verantwortlich: Dr. Johannes Abdullahi
Redaktion und Lektorat: Daniela Hansjakob
Layout: Eva-Maria Klaffenböck
Repro: Cromika
Kartografie: Bruckmann Verlag GmbH, Heidi Schmalfuß
Herstellung: Stephanie Schlemmer
Printed in Slovenia by Florjancic

★★★★★

Sind Sie mit diesem Titel zufrieden? Dann würden wir uns über Ihre Weiterempfehlung freuen. Erzählen Sie es im Freundeskreis, berichten Sie Ihrem Buchhändler, oder bewerten Sie bei Onlinekauf. Und wenn Sie Kritik, Korrekturen, Aktualisierungen haben, freuen wir uns über Ihre Nachricht an den Bruckmann Verlag, Postfach 40 02 09, D-80702 München oder per E-Mail an lektorat@verlagshaus.de.

Unser komplettes Programm finden Sie unter www.bruckmann.de

Alle Angaben dieses Werkes wurden von den Autoren sorgfältig recherchiert und auf den neuesten Stand gebracht sowie vom Verlag geprüft. Für die Richtigkeit der Angaben kann jedoch keine Haftung übernommen werden, weshalb die Nutzung auf eigene Gefahr erfolgt. Insbesondere bei GPS-Daten können Abweichungen nicht ausgeschlossen werden. Sollte dieses Werk Links auf Webseiten Dritter enthalten, so machen wir uns die Inhalte nicht zu eigen und übernehmen für die Inhalte keine Haftung.

In diesem Buch wird aus Gründen der besseren Lesbarkeit das generische Maskulinum verwendet. Weibliche und anderweitige Geschlechteridentitäten werden dabei ausdrücklich mitgemeint, soweit es für die Aussage erforderlich ist.

Empfehlung der Redaktion
Sie sind auf der Suche nach weiterführender Literatur? Dann empfehlen wir Ihnen den Titel *Deutschlands schönste Radfernwege* von Thorsten Brönner. Oder Sie werfen einen Blick in die Zeitschrift *Bergsteiger*. Hier werden Sie bestimmt fündig.

Bildnachweis:
Alle Bilder im Innenteil und auf dem Umschlag stammen von den Autoren.
Umschlagvorderseite: Im Zentrum von Burgsteinfurt (Tour 13)
Umschlagrückseite: Durch die Coesfelder Berge (Tour 18)

Die Deutsche Nationalbibliothek verzeichnet diese Publikation in der Deutschen Nationalbibliografie; detaillierte bibliografische Daten sind im Internet über http://dnb.d-nb.de abrufbar.

2. Auflage 2021

Infanteriestraße 11a
80797 München

ISBN 978-3-7343-1366-0